INHALT

# EINFÜHRUNG

Salem Aleikum! Das bedeutet **Friede sei mit dir**. Mit diesen Worten begrüßen wir uns in Syrien. Dieses Grußwort passt sehr gut zu meiner Situation, denn ich bin aus Syrien nach Deutschland gekommen, um hier in Frieden leben zu können.

Ich bin 20 Jahre alt und komme aus Duma, einer Stadt in Syrien. Vor zwei Jahren bin ich nach Deutschland gekommen.
In meinem Buch möchte ich dir von mir und meiner Familie erzählen, aber auch von meiner Heimat, meiner Flucht und meiner Zeit in Deutschland.

Ich freue mich, dass du dich entschlossen hast, das Buch zu lesen. Zunächst wollte ich es unter meinem richtigen Namen schreiben. Doch viele Freunde und Verwandte rieten mir davon ab. Ich bin ja aus meinem Heimatland geflohen, weil ich Angst hatte, politisch verfolgt zu werden, da wäre es nicht klug, wenn ich meinen Namen nenne. Außerdem gebe ich in diesem Buch viel von mir preis und möchte nicht, dass man mich erkennt. Nun lautet mein Pseudonym Seif Arsalan. Ich habe in diesem Buch auch die meisten anderen Namen und Ortsnamen geändert, damit niemand erkannt werden kann. Die Geschichte ist aber dennoch wahr.

I

# WARUM WOLLTE ICH DIESEN ROMAN SCHREIBEN?

Ein Jahr nach meiner Ankunft in Deutschland empfahl mir meine Lehrerin, Romane in deutscher Sprache zu lesen, um meine Sprachkenntnisse zu verbessern. Ich bat eine Mitarbeiterin der Schulbibliothek, mir Bücher in einfacher Sprache vorzuschlagen. Unter den Büchern, die sie mir empfahl, war eines, das mich auf Anhieb interessierte. Der Titel des Romans lautete „Abgehauen" und wurde von einem jungen Autor geschrieben, der sich in diesem Buch mit seiner schwierigen Kindheit auseinandersetzt. Eine Jugendbuchautorin hatte ihm beim Schreiben geholfen.

Das Buch „Abgehauen" war das erste Buch, das ich in deutscher Sprache las. Ich war stolz, dass ich fast alles verstand, und war sehr berührt von der Lektüre. Nach dem Lesen fragte ich mich, ob auch ich ein Buch schreiben könnte. Ich habe in meinem kurzen Leben schon einiges erlebt. Ich könnte über meine Kindheit in Syrien, unseren Aufenthalt in der Türkei, über die Flucht und über mein Leben als Flüchtling in Deutschland berichten. Aber um das zu verwirklichen, bräuchte ich Hilfe.

Frau Weber, die Jugendbuchautorin, die auch dem Autor des Romans „Abgehauen" beim Schreiben geholfen hatte, fiel mir wieder ein. Im Internet gab ich „Annette Weber" ein und fand ihre Homepage und eine E-Mail-Adresse! Auf der Stelle schrieb ich sie an, stellte mich vor und erzählte ihr von meiner Idee.
Schon am nächsten Tag erhielt ich eine Rückmeldung. Ich war aufgeregt. Ist sie wohl interessiert? Ihre Antwort auf meine E-Mail lautete: „Wenn man ein Buch schreibt, schreibt man es für einen Verlag, der es dann in die Buchhandlungen bringt." Der Verlag, mit dem sie arbeitet, sei an meiner Idee durchaus interessiert. Versprechen könne sie allerdings noch nichts. Sie empfahl mir, ein Kapitel aus meiner Kindheit zu schreiben, damit sie feststellen konnte, ob das, was

ich schreibe, überhaupt infrage kommt. Auch schrieb sie mir, dass es viel Arbeit sei, ein Buch zu schreiben. Manche würden scheitern, da sie nicht genügend Durchhaltevermögen haben.

Frau Webers E-Mail hat mich sehr gefreut. Zunächst habe ich einer Bekannten, Frau Frauke, die ich oft besuche, von meiner Idee und der E-Mail erzählt. Sie fand meine Überlegungen gut und ermutigte mich.

– – – –

Zuallererst musste ich recherchieren. Meine Mutter sollte von meiner Idee nichts wissen. Es sollte eine Überraschung werden. Aber ich brauchte von ihr Informationen aus meiner frühen Kindheit, an die ich mich nicht mehr erinnere. Was meine Mutter mir erzählte, machte mich traurig. Viele Fragen über meine Familie und die Beziehung zu meinem Vater tauchten auf, die ich nicht beantworten konnte.
Früher habe ich über mein bisheriges Leben nicht nachgedacht. Jetzt, wo ich einiges erfahren hatte, berührte es mich so sehr,

dass ich depressiv wurde. Meine Hausärztin verschrieb mir stimmungsaufhellende Medikamente. Ich konnte in dieser Zeit meine Kindheitsgeschichte nicht aufschreiben.

So begann ich, zunächst über meine Ankunft im Village zu schreiben. Manchmal war ich drei- oder viermal in der Woche bei Frau Frauke. Sie half mir, die richtigen Worte zu finden, und verbesserte die Sätze, wenn mir Fehler unterliefen. An manchen Tagen arbeiteten wir bis zu fünf Stunden zusammen.
Als das Kapitel „Village" endlich fertig war, schickte ich es mit einer E-Mail an Frau Weber. Ich wartete gespannt auf ihre Reaktion. Schon bald kam die Rückmeldung, dass sie meine Geschichte sehr berührt habe. Sie gab grünes Licht, weiter zu schreiben.

– – – –

Und so ist dieses Buch, das du gerade in Händen hältst, nach fast einem Jahr Arbeit entstanden. Ich würde mich sehr freuen, wenn dir mein Buch gefällt und es dich berührt.

Du kannst mich bei Fragen gerne über meine E-Mail-Adresse seifarsalan97@gmail.com anschreiben. Ich werde dann so schnell wie möglich darauf antworten.

2

# MEINE FAMILIE IN SYRIEN

Was ich hier über meine Familie berichte, weiß ich nur aus Erzählungen meiner Mutter, denn ich bin als sechstes und letztes Kind in meine Familie geboren worden.
Meine Mutter konnte die Schule nur sechs Jahre lang besuchen. Mit 15 Jahren machte sie eine Ausbildung zur Schneiderin.

----

Die Ehen in Syrien werden in der Regel von den Eltern arrangiert. So war es auch bei meinen Eltern.
Meine Oma väterlicherseits besuchte eine Familie, um deren bildhübsche Tochter kennenzulernen. Sofort vereinbarten sie einen Termin, an dem mein Vater diese schöne junge Frau ebenfalls kennenlernen sollte.
Die beiden trafen sich und fanden Gefallen aneinander. Meinem Vater war bei dieser Begegnung gleich klar, dass er diese Frau

heiraten würde. Das teilte er auch den Eltern meiner Mutter mit.
„Dieser Mann möchte dich gerne heiraten. Bist du damit einverstanden?“, fragten ihre Eltern sie dann.
Sie war sofort begeistert. Doch bevor die Eltern ihr Einverständnis gaben, wollten sie genau wissen, ob der Mann auch gut zu ihrer Tochter sein wird und ob er eine Familie ernähren kann. So erkundigten sie sich bei Freunden, Kollegen und Nachbarn. Erst danach waren sie sicher, dass mein Vater ein guter Ehemann werden würde. Nach einer Verlobungszeit von sieben Monaten konnten die Vorbereitungen für ein prächtiges Hochzeitsfest beginnen.
Bei der Hochzeit war meine Mutter 18 Jahre alt, mein Vater 26.

– – – –

Zunächst wohnte das glückliche junge Paar bei den Eltern meines Vaters in Duma. In diesem Haus wohnten außerdem noch vier Brüder und zwei Schwestern meines Vaters, die ebenfalls verheiratet waren. Meine Mutter war bei allen sehr beliebt.

Die Mahlzeiten wurden gemeinsam eingenommen. Oftmals saßen mehr als 20 Personen in der Großfamilie zusammen. Hier herrschte immer eine gute Stimmung. Meine Eltern bekamen kurz nacheinander zwei Töchter, Huda und Sara. Allerdings war meine Großmutter ein bischen enttäuscht darüber, dass ihr ältester Sohn noch keinen Jungen bekommen hatte. Bald darauf war meine Mutter wieder schwanger und meine Großmutter befürchtete, dass es erneut ein Mädchen wird.
„Ich rate euch, das Kind abtreiben zu lassen“, sagte sie.
„Nein, das kommt überhaupt nicht infrage!“, rief meine Mutter erschrocken. „Ich will mein Kind zur Welt bringen, egal ob es ein Junge oder ein Mädchen ist.“
Meine Mutter brachte tatsächlich einen Jungen zur Welt, der Omar genannt wurde. Leider wurde er zu früh geboren. Nach wenigen Tagen bekam er Atemprobleme. Mein Onkel brachte Omar ins Krankenhaus, wo er jedoch kurze Zeit später starb. Meine Eltern waren sehr traurig. Mein Vater hatte sich so sehr einen Sohn gewünscht.

Drei Jahre später wurde meine Schwester Lana geboren. Wieder mischte sich meine Großmutter ein. Sie sagte zu meinem Vater: „Deine Frau wird weiterhin nur Mädchen bekommen können. Das liegt in ihrer Familie. Ihre Mutter hat acht Mädchen und nur zwei Jungen geboren. Kannst du ihr nicht etwas besorgen, damit du endlich einen Sohn bekommst?"
Mein Vater wusste nichts zu antworten. Meine Großmutter war leider wenig aufgeklärt.

– – – –

Mein Vater war zu der Zeit ein erfolgreicher Kaufmann und verdiente sehr gut. Nachdem meine drei Schwestern geboren waren, wurde es bei den Großeltern zu eng und mein Vater kaufte eine Wohnung für die Familie. Diese war sehr schön mit einem großen Garten.

Bald darauf brachte meine Mutter endlich den ersehnten Sohn zur Welt – Khaled-Omar, zur Erinnerung an das verstorbene Baby. Elf Jahre waren meine Eltern nun miteinander glücklich verheiratet.

3

# EINE NEUE FAMILIE

Leider hielt das Glück meiner Eltern nicht lange.
Während meine Mutter mit Khaled-Omar schwanger war, tauchte plötzlich eine Frau in unserer Familie auf, die offensichtlich an meinem Vater interessiert war.

Mein Vater machte mit meiner Mutter und meinen anderen Geschwistern an jedem Wochenende Ausflüge. An einem erzählte er meiner Mutter, dass er eine Familie kennt, die sie demnächst einmal besuchen sollten.
Meine Mutter hatte keine Ahnung, dass mein Vater mit dem Gedanken spielte, sich eine zweite Frau aus dieser Familie zu nehmen.

Danach begann mein Vater, Scherze zu machen: „Ich will wieder heiraten!", sagte er.
Am Anfang hat er das nicht ernst gemeint.
Doch dann schwärmte er immer häufiger von dieser Frau, die sie vor Kurzem besucht hatten.

In der folgenden Zeit klingelte immer wieder das Telefon. Wenn meine Mutter den Hörer abnahm, meldete sich niemand. Meiner Mutter kam das komisch vor. Und allmählich wurde sie misstrauisch und fragte meinen Vater:
„Meinst du, das ist die Frau, die wir vor Kurzem besucht haben?"
Mein Vater wies es weit von sich und antwortete: „Samira würde so etwas nie tun."

Aber es dauerte nicht lange, bis mein Vater sich offenbarte.
„Ich habe mich entschlossen, Samira zu heiraten ", sagte er.
Meine Mutter war total schockiert.
„Was habe ich getan, dass du mir das antust?", schrie sie. „Wenn du das machst, werde ich dich verlassen, das schwöre ich dir." Als mein Vater das hörte, wurde er sehr zornig. Dann stand er auf, verließ die Wohnung und ließ sich ein paar Tage nicht sehen. Meine Mutter blieb verzweifelt zurück, denn in Wirklichkeit hatte sie nicht die Absicht, meinen Vater zu verlassen. Sie wollte nicht, dass die Kinder darunter leiden.

In der folgenden Zeit versuchte mein Vater alles, um Samira vor meiner Mutter positiv darzustellen.
„Samira ist sehr gebildet und kann unseren vier Kindern bei den Hausaufgaben helfen“, behauptete er.
Das war natürlich nur ein Scheinargument. In Wirklichkeit waren mein Vater und Samira längst ineinander verliebt. Um meine Mutter zu versöhnen, versprach mein Vater, beide Frauen glücklich zu machen. Aber meine Mutter glaubte ihm nicht. Sie ahnte gleich, dass es ab jetzt zu vielen Schwierigkeiten kommen würde.

– – – –

Im Islam ist es unter bestimmten und strengen Umständen erlaubt, eine zweite Frau zu heiraten. Es kommt aber nicht sehr oft vor. Normalerweise muss der Mann seine erste Frau fragen, ob sie einverstanden ist. Manche Männer haben Erfolg damit und machen beide Frauen glücklich, manche leider nicht und das traf auf meinen Vater zu. Die Familie meines Vaters war mit der zweiten Ehe auch überhaupt nicht einverstanden. Sie

wollten nicht, dass es zu Spannungen in der Familie kommt. Mein Vater kaufte eine zweite Wohnung, schöner und größer als die erste. In diese zog meine Mutter mit meinen Geschwistern ein. Mit seiner zweiten Frau wohnte er in der ersten Wohnung. Die beiden Wohnungen lagen dicht beieinander.
Mein Vater heiratete und machte mit Samira eine vierwöchige Hochzeitsreise. Da er ein schlechtes Gewissen hatte, versprach er meiner Mutter eine Reise nach Mekka. Bis heute hat er das Versprechen allerdings wegen finanzieller Schwierigkeiten nicht eingelöst.

Als mein Vater mit Samira von der Hochzeitsreise zurückkam, hoffte er, dass sich beide Frauen verstehen würden. Zuerst schien es auch zu funktionieren. Aber dann wurden die beiden Frauen immer eifersüchtiger aufeinander. Besonders schwierig wurde es, als Samira tatsächlich einen Sohn bekam.
Sie nannte ihn Tamer.

– – – –

Zehn Jahre nach der Geburt meines Bruders Khaled-Omar tauche ich in der Familiengeschichte auf. Ich war nicht geplant und mein Vater war nicht begeistert, als er hörte, dass meine Mutter wieder schwanger war. Als bei meiner Mutter die Wehen einsetzten, war er noch nicht mal bereit, sie ins Krankenhaus zu bringen. So begleiteten ihre Geschwister meine Mutter in die Klinik in Damaskus, wo ich gegen 22.00 Uhr das Licht der Welt erblickte. Es war im Jahr 1997. Meine Mutter durfte am nächsten Tag mit mir nach Hause. Auch da holte mein Vater sie nicht ab. Er gab ihr vorher Geld, damit sie die Krankenhausrechnung bezahlen konnte.

Ich war zwar kein Wunschkind, aber da ich nun mal da war, musste ich auch einen Namen bekommen. Meinem Vater war es egal, welchen Namen ich erhalten sollte. Meine Mutter wollte mich Adel nennen. Adel bedeutet „Fairness" und „Gerechtigkeit". Sie hoffte damit, dass ich auf keinen Fall wie mein Vater werde. Nachdem aber Adel meinem Vater absolut nicht gefiel, entschied der Mann meiner Schwester, dass ich Seif heißen sollte.

Die Meinung meines Vaters über seinen neugeborenen Sohn änderte sich erst, als er mich zum ersten Mal sah. Ich ähnelte ihm und er nahm mich auf seinen Arm und schaute mich sehr liebevoll an. Samira wollte nun auch ganz dringend noch ein zweites Kind. Mein Vater war nicht begeistert. Er fand, seine Familie sei jetzt groß genug. Aber Samira war hartnäckig. Bald darauf wurde sie schwanger und brachte später meinen Halbbruder Zahir zur Welt.

- - - -

In Syrien ist es üblich, die Verwandten und Nachbarn zu „Mubaraka" einzuladen, wenn ein Kind geboren wird. „Mubaraka" ist ein Fest, an dem alle Gäste das Kind anschauen können und Geschenke mitbringen. Leider war meine „Mubaraka" nur ein kleines Fest, an dem ich außerdem auch noch krank war. Voller Sorge schickte mich mein Vater mit meiner Mutter auf das Dach des Hauses, damit ich mich erhole und an der frischen Luft wieder gesund werde. Auf einmal war ich meinem Vater wichtig.

Mein Vater hatte nun zwei Familien. In Deutschland ist so etwas offiziell ja nicht möglich und darum kannst du dir wahrscheinlich gar nicht vorstellen, wie das funktioniert. Es ist so, dass mein Vater an einem Tag bei uns, seiner ersten Familie, zum Abendessen und über Nacht blieb. Am nächsten Tag war er dann bei seiner zweiten Familie. Wenn mein Vater und meine Mutter allerdings Streit miteinander hatten, konnte es passieren, dass er sich monatelang nicht sehen ließ. Ich begegnete meinem Vater in solchen Zeiten bei seiner zweiten Familie. Ich hatte die Pflicht, freitags dort zu erscheinen. Da erhielt ich auch das Haushaltsgeld für meine Mutter für die nächste Woche. Er wollte, dass ich ein gutes Verhältnis zu meinen zwei Halbbrüdern habe. Mit denen verstand ich mich immer sehr gut. Wir haben zusammen auf der Straße gespielt und uns zwischen den Häusern versteckt. Nur bei Samira fühlte ich mich nie wohl. Ich mochte sie einfach nicht. Und vor meinem Vater hatte ich buchstäblich Angst. Er konnte sehr launisch sein. Als ich klein war, verprügelte er mich manchmal. Als ich ein bisschen älter

wurde, schämte ich mich, dass ich geschlagen wurde, und wollte, dass mein Vater damit aufhört. Darum schrieb ich ihm einen Brief. Es kostete mich ziemliche Überwindung, aber ich nahm all meinen Mut zusammen. „Lieber Vater", schrieb ich. „Ich kann nicht verstehen, warum du immer noch meinst, mich verprügeln zu müssen. Ich bin alt genug, die Dinge zu verstehen. Wenn ich also etwas gemacht habe, was dir nicht gefällt, kannst du es mir doch einfach erklären. Wenn du mich aber weiter verprügelst, werde ich nicht mehr auf dich hören und machen, was ich für richtig halte. Dein Sohn Seif."
Ich habe den Brief neben sein Bett gestellt. Am nächsten Morgen war mein Vater ein anderer Mensch und hat mich seitdem nicht mehr geschlagen.

– – – –

In meiner Kindheit war ich meistens alleine mit meiner Mutter, obwohl ich vier leibliche Geschwister habe, die aber viel älter sind als ich. Nur an meine jüngste Schwester Lana und meinen Bruder Khaled-Omar habe ich

einige Kindheitserinnerungen. Aber Lana heiratete jung und verließ das Haus. Als Fünfjähriger habe ich das damals so empfunden, als wenn sie jemand entführt hätte. Ich konnte gar nicht fassen, dass sie nicht mehr bei uns war.
Khaled-Omar war zu der Zeit mit seiner Schule voll beschäftigt und kaum zu Hause. Meine verheirateten Schwestern haben uns wöchentlich mit ihren Kindern besucht. Es war sehr schön, wenn sie alle zusammenkamen. Zwar war es ein bisschen laut, aber die Stimmung war unheimlich gut.

----

Mein Vater vertrat die Meinung, Schulen seien besser als Kindergärten. Deshalb sollte ich schon früh in die Schule gehen und die 1. Klasse zweimal besuchen. In Syrien beginnt die Grundschule für die Kinder mit sechs Jahren, ich war aber erst fünf. So ging ich heimlich hin. Ich erinnere mich noch gut, dass meine Lehrerin mich sofort nach Hause schickte, wenn es eine Inspektion in der Schule gab. Danach wurde ich offiziell in einer anderen Schule angemeldet.

Ich besuchte diese Schule bis zum Ende der 2. Klasse. Es war die einzige Schule, an der ich mit Mädchen und Jungen gemeinsam unterrichtet wurde.
In der 3. Klasse schickte mein Vater mich und meinen Halbbruder Zahir an eine andere Schule, zehn Kilometer von unserem Zuhause entfernt, weil er gehört hatte, dass diese Schule besonders gut sei. Eine gute Schulbildung für seine Kinder war ihm sehr wichtig.

# 4

# RAMADAN UND DIE PILGERREISE

Das Fasten im Monat Ramadan gehört zu den sogenannten fünf Säulen des Islam, also zu den Hauptpflichten, die ein Muslim als Gottesdienst durchführt. Es ist der Monat, in dem vom Sonnenaufgang bis zum Sonnenuntergang gefastet wird.
Ein Ziel des Ramadans liegt darin, mehr Barmherzigkeit gegenüber den Armen zu entwickeln, denn man erfährt selbst, wie es ist, hungrig zu sein.

Als ich klein war, musste ich nur bis mittags fasten. Die Eltern bereiten so ihre Kinder auf die Fastenzeit vor. Doch für mich war das schwer. Ab und zu habe ich das Fasten gebrochen und heimlich gegessen und getrunken. Aber als ich älter wurde, war es für mich kein Problem mehr. Ganz im Gegenteil, ich freue mich auf den Ramadan. Im Ramadan fühle ich mich stark, obwohl ich lange Zeit aufs Essen und Trinken verzichten muss. Allein das Gefühl, dass ich fasten kann und ich es schaffe, nicht ständig essen zu müssen, gibt mir Kraft.

Nach Sonnenuntergang trifft sich die gesamte Familie zum gemeinsamen Essen. Die Stimmung in diesem Monat ist sehr schön. Im Ramadan werden die köstlichsten Gerichte gemacht und immer gibt es leckeren Nachtisch. Danach gehen wir alle in die Moschee und beten. Dabei treffen wir uns und reden miteinander. Man hat das Gefühl, Teil einer großen Gemeinschaft zu sein.

Am Ende des Ramadans findet das dreitägige Zuckerfest statt. Das lief damals bei uns so ab: Alle Familienmitglieder, wir waren bestimmt mehr als 25 Personen, trafen sich bei meiner Großmutter und frühstückten miteinander. Danach mussten wir Kinder uns in einer Schlange aufstellen, die kleinsten zuerst. Dann bekam jedes Kind von den Erwachsenen einen Geldbetrag, die Jüngeren etwas weniger als die Älteren. Das ist für die Kinder die Hauptattraktion.

Für die Kinder gibt es viele Möglichkeiten, zu spielen. Meine Cousins und ich spielten besonders gerne Kaufladen. Wir verkauften Kekse und Getränke, die wir vorher im Großmarkt mit viel Feilschen erstanden hatten, an andere Kinder und machten dabei einen schönen Gewinn. Wir hatten viel Spaß dabei. Heute vermisse ich diese schönen Momente. Zu der Zeit war ich ein fröhliches Kind und musste mir noch keine Sorgen um mein späteres Leben machen.

- - - -

Inzwischen hatte ich die 6. Klasse beendet. In den darauffolgenden Ferien ging ich mit meiner Mutter, meinem Bruder und meiner ältesten Schwester und ihrer Familie mit dem Bus auf eine kleine Pilgerreise. Man nennt diese Reise „Omra", sie führt nach Mekka in Saudi-Arabien.
Diese Reise kann man nur außerhalb des Opferfestes durchführen. Die große Pilgerreise hingegen, „Hadsch" genannt, kann man nur zum Zeitpunkt des Opferfestes machen. Das Geld für diese Reise kam aus einer Erbschaft, die meine Mutter gemacht hatte.

Für Muslime ist es ein großes Erlebnis, Mekka zu besuchen.
Aber zunächst einmal musste mein Vater überredet werden, diese Reise zu erlauben. Meine Schwester Huda ging diplomatisch vor. Sie schmierte ihm Honig um den Bart. „Abi, diese Reise kostet dich keine Lira“, begann sie.
Wir waren so glücklich darüber, als er endlich Ja sagte.

Ich freute mich riesig auf diese Reise. Es war das erste Mal, dass ich in ein fremdes Land fuhr. Ich hatte im Fernsehen schon viele Übertragungen aus Mekka gesehen. Nie hätte ich geglaubt, dass ich das einmal mit eigenen Augen sehen würde.

Mein Vater brachte meine Mutter, meinen Bruder und mich zum Busbahnhof und gab mir tatsächlich ein bisschen Reisegeld. Damit hatte ich nicht gerechnet und das machte mich glücklich.
Alles in allem dauerte die Fahrt 36 Stunden. Auf dieser Reise lernte ich einen gleichaltrigen Jungen kennen. Wir hatten uns viel zu

erzählen und so war die Zeit im Bus für uns sehr kurzweilig.

Kurz vor Mekka begannen wir, uns auf den Besuch der Kaaba vorzubereiten. Dazu gehört, dass man eine Ganzkörperwaschung vornimmt und den Körper anschließend mit den vorgeschriebenen Tüchern bedeckt. Hiermit sind die Gläubigen im Weihezustand. Während dieser Zeit dürfen sie weder streiten noch sexuellen Verkehr haben. Auch ich bedeckte nun meinen Körper mit Tüchern, die wir bereits vor der Reise gekauft hatten.

Beim Betreten der Moschee waren wir von der Größe und Schönheit überwältigt. In der Mitte der Moschee befindet sich die Kaaba das ist das heilige Haus unseres Gottes Allah. Ich war tief beeindruckt. Man sieht dort Menschen aller Nationen, verschiedener Hautfarben und mit unterschiedlichen Sprachen. Alle Menschen sind dort gleich. Ob man Präsident, Chef einer großen Firma oder ein Händler ist, spielt keine Rolle. Fast alle tragen einfache, weiße Kleidung. Niemand ist dort im Anzug zu sehen.

Nachdem alle Vorbereitungen getroffen waren, begaben wir uns auf die siebenfache Umrundung der Kaaba und führten die anderen bei so einer Pilgerreise üblichen Rituale durch. Für mich hatte diese Reise eine ganz besondere Bedeutung.
Ich war sehr daran interessiert, die Quelle kennenzulernen, an der die islamische Zivilisation entstanden ist.

Der nächste Tag war ausgefüllt mit kleinen Ausflügen. Wir besuchten einen Kameltreiber und durften ein Kamel besteigen und eine Runde auf ihm reiten. Außerdem konnte man frisch gemolkene Kamelmilch probieren. Auch besuchten wir Al-Madina, die zweitwichtigste Stadt für Muslime. Von dort traten wir die Heimreise an.

Während unserer Reise kaufte meine Mutter Geschenke für alle Familienangehörigen. Wichtig für die Daheimgebliebenen war, dass wir reichlich „Zamzam" mitbrachten, das ist Wasser aus einer heiligen Quelle in Mekka. Es schmeckt anders und wir mögen es sehr. Zu Hause angekommen, warteten alle

Geschwister mit ihren Kindern auf uns. Meine Lieblingsschwester Lana öffnete uns die Tür und fiel mir vor Freude weinend in die Arme. Meine Geschwister hatten die Wohnung geschmückt und begrüßten uns herzlich.

- - - -

Einige Zeit später musste ich schon wieder die Schule wechseln, denn in meiner alten Schule endete die Schulzeit mit der 6. Klasse. Gott sei Dank fühlte ich mich gleich sehr wohl. Ein paar Mitschüler und ich bildeten eine Clique, die das Sagen in der Klasse hatte. Wir wurden von den Mitschülern respektiert, mit Sicherheit auch deshalb, weil wir gute Schüler waren.

Es war mir immer sehr wichtig, ein guter Schüler zu sein. Ich lernte gern, aber ich hoffte natürlich auch, dass sich dadurch die Beziehung zu meinem Vater verbessern würde. Ich wollte, dass er mich gernhat. Am Ende des Schuljahres war ich der Beste meiner Klasse und der Zweitbeste der ganzen Schule. Ich freute mich darauf, meinem Vater mein Zeugnis zu zeigen und war mir ganz

sicher, dass er mich für meine guten Noten belohnte. Aber ich wurde mal wieder enttäuscht.
„Gut, meine Junge" war alles, was er dazu sagte.

5

# VERÄNDERUNGEN IN SYRIEN

Es war das Jahr 2011. Tunesien, Libyen und Ägypten feierten den arabischen Frühling. Dabei lehnte sich die Bevölkerung gegen ihre Regierung auf, die sie unterdrückte. Im Radio wurde über die Wut der Demonstranten in Ägypten gegen ihren Präsidenten Mubarak berichtet. Als er zurücktrat, waren zunächst alle glücklich.

Fast täglich wurde im Fernsehen über die Situationen im arabischen Frühling berichtet. Der Wunsch nach Unabhängigkeit griff auch auf Syrien über. Immer mehr Menschen gingen auf die Straße und protestierten für bessere Lebensbedingungen und mehr Mitsprache bei politischen Entscheidungen. Vor allem wollten sie Reformen haben. Auch viele Jugendliche nahmen an den Protesten teil.
In einer Stadt in Syrien sprühten ein paar Kinder an die Wände ihrer Schule:

„Assad, du bist gleich dran. Du musst weg!“ Die Kinder ahmten damit genau das nach, was sie im Fernsehen gesehen hatten. Aber sie wurden sofort festgenommen. Zur Strafe wurden ihnen ihre Fingernägel ausgerissen. Die Eltern waren entsetzt und wollten, dass ihre Kinder sofort freigelassen werden. Doch der Geheimdienst sagte zu ihnen: „Haut ab und macht euch neue Kinder!“
Die Eltern protestierten wütend, daraufhin wurden einige von ihnen erschossen.
Die Situation eskalierte und war einer der Auslöser für die syrische Revolution.

Freitags nach dem Gebet verließen die Menschen die Moschee und versammelten sich spontan zu Demonstrationen gegen die Regierung Assads. Doch die Gegner des Regimes wurden rigoros verfolgt, gefoltert und in Gefängnisse geworfen. Viele verschwanden spurlos.
Trotzdem glaubten meine Freunde und ich nicht, dass bald darauf Panzer durch unsere Straßen rollen würden. Wir hätten das von unserer Regierung nie erwartet. Aber da waren wir leider zu naiv.

Als ich mich an einem Freitag von der Moschee auf dem Heimweg befand, geriet ich in einen Demonstrationszug. Mein Vater hatte mir streng verboten, mich an so etwas zu beteiligen, aber die Demonstranten bewegten sich in die gleiche Richtung, wie mein Heimweg war. Ich hatte keine Wahl – ich wurde mit dem Zug mitgerissen. Inzwischen kam ein Militär-Fahrzeug aus der entgegengesetzten Richtung, bewegte sich auf den Demonstrationszug zu und schoss in die Luft. Ich saß in der Falle. Verzweifelt schaute ich mich nach einer Fluchtmöglichkeit um, doch unsere Nachbarn hatten alle ihre Türen von innen verriegelt. Ich hatte Angst und wollte so schnell wie möglich in unsere Wohnung.

Aber ich konnte die Haustür nicht öffnen. „Macht die Tür auf. Ich bin es doch, Seif!“ schrie ich verzweifelt.
Endlich, nach bangen Minuten des Wartens, ließ mich mein Nachbar rein, dann verriegelte er erneut die Tür.
„Was machst du für Sachen?“, fragte er mich kopfschüttelnd.

Ich zitterte am ganzen Körper, aber immerhin war ich noch einmal davongekommen.
Wenig später hörten wir eine Frau entsetzt schreien. „Neiiiiin, Isaam."
Vom Fenster aus sahen wir einen Mann in seinem Blut auf der Straße liegen.
Ein Scharfschütze hatte ihn eiskalt erschossen.

– – – –

Im Revolutionsjahr 2011 besuchte ich die 8. Klasse. Wieder war ich der Klassenbeste meines Jahrganges. Meine Mutter und Geschwister ermutigten mich, mich weiterhin anzustrengen. Besonders meiner Mutter war es sehr wichtig, zu zeigen, dass auch Kinder einer Frau mit geringer Schulbildung intelligent sein können.

– – – –

Da die politische Situation in Duma zu unübersichtlich wurde, entschied sich meine Familie, nach Damaskus umzuziehen.
Ich sollte da meinen Hauptschulabschluss machen und danach auf das Gymnasium wechseln.

Mein Vater, meine Mutter, mein älterer Bruder und ich zogen in das Büro meines Vaters, das im Zentrum der Stadt lag. Die zweite Familie meines Vaters kam bei Zahirs Großmutter unter. In der Stadt kam es immer wieder zu Zwischenfällen. Auch Stromausfälle gehörten jetzt zur Tagesordnung. Das hieß für mich, häufig bei Kerzenschein lernen zu müssen.
In der Schule war das Thema Politik tabu.
Es sei denn, man war Anhänger von Assad.

In meiner Klasse waren zwei Schüler aus Duma, die aus ähnlichen Gründen wie wir unsere Heimatstadt verlassen hatten. Schnell freundeten wir uns an. Ich hatte bisher immer Schwierigkeiten, Freundschaften für eine längere Zeit zu schließen, da ich nie lange in ein und derselben Schule blieb. Jetzt war ich froh, so gute Freunde gefunden zu haben.

Mein Vater engagierte eine Cousine, die Englischlehrerin ist, mich zu unterrichten. Das war das erste Mal, dass ich das Gefühl bekam, dass ich für meinen Vater wichtig war.

Vor dem Ende des Schuljahres hatten wir einen Monat Ferien, um den Unterrichtsstoff zu wiederholen und uns auf die Hauptschulprüfung vorzubereiten. Ich musste also im Büro bleiben und lernen. Allerdings war es mir an diesem Ort kaum möglich, mich zu konzentrieren, und mir ging es richtig schlecht. Das Büro war nicht sehr groß und lag an einer Hauptverkehrsstraße. Außerdem waren zwei Seiten des Büros komplett verglast, sodass man sich ständig beobachtet fühlte. Und da wir hier alle auf so engem Raum lebten, war ständig jemand um mich herum. Das machte mich schier wahnsinnig.

Eines Tages gab es eine Schießerei auf der Straße und eine Kugel schlug in unsere Glaswand ein. Danach war ich total fertig. „Ich halte es hier nicht mehr aus!", rief ich verzweifelt. „Kann ich nicht ein paar Tage zu Lana nach Duma gehen? Ich brauche einfach Ruhe für die Prüfung. Bitte, Papa!"
Meine Eltern dachten darüber nach und erlaubten es schließlich. Ich war sehr froh. Endlich konnte ich für eine Weile ausspannen

und mich auf meine Prüfung vorbereiten. Wieder zurück in Damaskus verwöhnte mich meine Mutter ganz besonders für die Prüfung.

In den Sommerferien meldete ich mich zu einem Basiskurs für Elektronik an. Die Gebühr dafür lieh ich von meinem Vater. Dieser Kurs interessierte mich sehr und ich konnte mir vorstellen, später beruflich etwas in dieser Richtung zu machen. Ich schloss den Kurs mit Erfolg ab. Als ich meinem Vater das geliehene Geld zurückgeben wollte, sagte er: „Behalte es für dich."
Ich freute mich darüber sehr.
Dann bekamen wir in der Schule unsere Noten. Meine waren gut ausgefallen und ich freute mich darauf, sie meinen Eltern zu zeigen. Doch als ich ins Büro kam, war dicke Luft. Es gab Streit zwischen meinem Vater und meiner Mutter. Samira, die zweite Frau meines Vaters, war nämlich inzwischen ebenfalls mit ihren Söhnen ins Büro eingezogen, was die Situation noch verschärfte. Mein Vater hatte schlechte Laune und so berichtete ich nur meiner Mutter von meinem guten Abschluss. Sie war stolz auf mich.

Begeistert wandte sie sich an meinen Vater und rief: „Guck, was dein Sohn Gutes in der Schule geleistet hat.“
„Warum erzählt er das nur dir? Nimmt er mich nicht mehr wahr oder was?!“, rief mein Vater sauer und sprach mit mir kein Wort mehr. Jetzt war ich es, der total enttäuscht war. Sollten Eltern sich nicht darüber freuen, wenn ihre Kinder erfolgreich in der Schule sind? Ich hatte erwartet, dass mein Vater mich lobt und mich in den Arm nimmt. Aber meine Eltern benutzten mich einfach nur dazu, wieder miteinander zu streiten.

Mein Vater hatte zwei Seiten. Er konnte unglaublich streng und wütend sein und dann hatte ich immer Angst vor ihm. Andererseits, wenn er gut gelaunt war, dann konnte er auch sehr liebevoll zu mir sein. Diesmal zeigte er mir wieder die andere – die strenge, wütende Seite.

– – – –

Plötzlich hatte mein Vater die Idee, nach Latakia umzuziehen. Nur seine zweite Frau, ihr jüngster Sohn und ich sollten mitkommen.

Meine Mutter dagegen sollte mit meinem Bruder in Damaskus bleiben.
Als ich das hörte, bekam ich furchtbare Angst um meine Mutter, da ich bereits wusste, dass mein Bruder plante, nach Duma zurückzugehen. Aber ich hatte nicht den Mut, meinem Vater zu widersprechen. Mein älterer Bruder allerdings stritt sich heftig mit meinem Vater. „Du weißt genau, dass ich hier nicht mehr arbeiten kann und nach Duma zurückgehen werde", sagte er. „Dann ist Mutter ganz allein hier in Damaskus. Das kannst du nicht zulassen."
„Das geht dich nichts an, misch dich nicht ein", erwiderte mein Vater. Dann dachte er eine Weile nach. „Ok, wenn ihr es so wollt, dann bleibt Seif bei ihr", lenkte er schließlich ein.
Das Ergebnis war, dass die zwei nicht mehr miteinander sprachen. Aber mein Bruder hatte erreicht, dass ich bei meiner Mutter bleiben durfte. Ich war froh darüber, aber ich fühlte mich trotzdem schuldig, weil mein Vater und mein Bruder wegen mir zerstritten waren.

6

# WIEDER EIN UMZUG

Von nun an lebten meine Mutter und ich allein in Damaskus. Die Ferien waren zu Ende. Jetzt ging ich ins Gymnasium.

Doch das Leben in der Hauptstadt wurde immer gefährlicher. Immer wieder hörten wir von Festnahmen. Besonders Bewohner aus Duma gerieten immer wieder ins Kreuzfeuer. Diese Stadt ist nämlich eine Hochburg der Opposition. Darum waren die Leute aus Duma bei der Armee nicht gerade beliebt. Nach einem halben Jahr beschlossen wir, nach Al-Tal, nördlich von Damaskus, umzuziehen. In Al-Tal wohnten alle meine Schwestern, ihre Familien und unsere übrigen Verwandten.
Wir kamen bei meinen Schwestern Lana und Sara unter. Ihre Familien teilten sich eine Wohnung und es war schon sehr eng, bevor wir kamen. Trotzdem machten sie das Kinderzimmer für meine Mutter und mich

frei. „Viele geduldige Schafe gehen in einen Stall", sagt man in Syrien. Trotz der Enge war die Atmosphäre gut.

Inzwischen fand ich es gar nicht mehr witzig, pausenlos von einer Schule zur nächsten zu wechseln. Ich hatte nun schon acht Schulwechsel hinter mir, immer wieder musste ich mich neu einleben, musste mich von alten Freunden verabschieden und neue Kontakte suchen. Aber was blieb mir anderes übrig? Immerhin beendete ich jetzt die 10. Klasse.
Während wir in Al-Tal lebten, sah ich meinen Vater nur ein einziges Mal für fünf Stunden. Ich war sehr traurig darüber, aber meine Mutter war erleichtert, nicht mehr mit ihm streiten zu müssen.

Die 11. Klasse konnte ich nur ein halbes Schuljahr lang besuchen. Dann bekamen wir plötzlich einen wichtigen Anruf von meinem Bruder. Er hatte Syrien verlassen, nachdem Duma mit chemischen Waffen angegriffen worden war. Mein Bruder Khaled-Omar erlebte diesen Angriff mit. Das war ein großer

Schock für ihn. Er fühlte sich in Syrien nicht mehr sicher und flüchtete in die Türkei. Dort ließ er sich medizinisch behandeln. Danach war er richtig traumatisiert und hatte große Angst um uns.
„Ihr müsst Syrien sofort verlassen, hört ihr!", schrie er ins Telefon. „Kommt so schnell wie möglich zu mir in die Türkei."
„Warum? Was ist denn passiert?", rief meine Mutter ängstlich.
„Ich kann euch das nicht sagen!", erwiderte mein Bruder. „Tut einfach, was ich euch sage."
Da vermuteten wir, dass die Geheimpolizei unser Telefon abhörte.

Mein Vater musste über diesen Schritt informiert werden. Da er meinem Bruder vertraute, gab er sein Einverständnis zur Flucht.

Wir waren wie vor den Kopf gestoßen. In aller Hast packten wir die nötigsten Sachen und fuhren am frühen Morgen in den Libanon. Wir konnten uns von niemandem verabschieden.
Von Al-Tal aus habe ich mich nicht getraut, meine Verwandten in Damaskus zu besuchen,

weil es so viele Kontrollpunkte gab. Ich hatte Angst, dass sie mich verhaften. Auch jetzt war unglaublich viel Militär auf den Straßen. Panzer waren überall. Immer wieder wurden unsere Ausweise kontrolliert. Unterwegs in den Libanon hatte ich riesige Angst. Ich konnte nicht glauben, dass ich dort lebend ankommen würde.

– – – –

In Adana in der Türkei erwartete uns mein Bruder Khaled-Omar am Flughafen. Wir freuten uns sehr über das Wiedersehen. Zunächst konnten wir bei einer syrischen Familie unterschlüpfen. Nach elf Tagen fand mein Bruder eine Wohnung in Antakya. Endlich erzählte er uns, warum wir Syrien so plötzlich verlassen sollten.

„Mein Skype-Account und auch der meines Freundes sind vom Regime geknackt worden", berichtete er. „Alle Daten und Kontaktadressen wurden erfasst. Danach wussten sie, dass ich mit den Rebellen zusammenarbeite."

„Woher weißt du das?", wollte ich wissen.

„Mein Freund ist verhaftet worden", erzählte mein Bruder. „Und auch seine Familie wurde festgenommen. Ich hatte furchtbare Angst, dass sie auch euch festnehmen.“

Plötzlich ahnte ich, was hätte passieren können, wenn ich noch länger in Syrien geblieben wäre. Die Armee hätte mich vermutlich als Geisel genommen, weil sie meinen Bruder nicht festnehmen konnte.

- - - -

Flucht – dieser Gedanke ließ mich total verzweifeln. Ich wollte so gerne in meinem Land und bei meiner Familie bleiben, aber es drohte mir die Gefahr, von der Armee eingezogen oder verhaftet zu werden.

Ich habe seit Langem aufgehört, Nachrichten über Syrien im Fernsehen zu hören.

Ich kann die Zahlen der Toten nicht mehr hören, ich kann nicht ertragen, wie sich Länder wie China, Russland, Iran und andere in den Krieg einmischen, nur um auch noch von ihm zu profitieren. Niemand stoppt diese Verbrecher, die mein Land für ihre Zwecke missbrauchen. Ich habe ein Bild im Kopf, wie Syrien ertrinkt und um Hilfe ruft und niemand etwas tut, um diesen Irrsinn zu stoppen, während die anderen zusehen, wie es untergeht, und daraus ihren Nutzen ziehen.

- - - -

In der Türkei konnte ich die 11. Klasse in einer der zahlreichen syrischen Schulen beenden. Meine Leistungen waren zu der Zeit nicht besonders gut. Die pausenlosen Schulwechsel und die Flucht in die Türkei haben sicher dazu beigetragen.
In dieser Schule fühlte ich mich nicht wohl und suchte mir eine neue, um die 12. Klasse zu besuchen und um das Abitur zu machen. Inzwischen bekam ich auch die Kurve zum Lernen wieder und meine schulischen Leistungen waren wieder okay.
In meiner Schule herrschte eine familiäre Atmosphäre. Das half mir, schnell Freunde zu finden. Wir verbrachten alle viel Zeit miteinander. Es fiel mir nicht schwer, die türkische Sprache zu erlernen. Im Türkischen gibt es viele arabische Wörter, sodass man einiges verstehen kann. Ich machte an dieser Schule auch mein Abitur. Jetzt hätte ich studieren können. Bis zum Ende meiner Schulzeit hatte ich elf verschiedene Schulen besucht.

Im Grunde fühlte ich mich in der Türkei sehr wohl, auf alle Fälle fühlte ich mich weniger einsam als später in Deutschland.

– – – –

Mein Bruder fand in der Türkei eine Arbeit als örtlicher Leiter einer deutschen Organisation für bedürftige Menschen. Er arbeitete an der syrisch-türkischen Grenze und besuchte uns an den Wochenenden. Er fühlte sich für uns verantwortlich und sorgte auch dafür, dass wir genügend Geld zum Leben hatten. Dafür bin ich ihm sehr dankbar.
Eines Tages geriet mein Bruder in eine schwierige Situation. Eine extreme Gruppe verlangte, dass er mit ihnen kooperierte.
Er sollte die Familien ihrer Kämpfer mit Lebensmitteln unterstützen. Mein Bruder weigerte sich.
„Ich helfe nur den Menschen, die wirklich bedürftig sind und Hilfe brauchen!
Mit allem anderen will ich nichts zu tun haben", sagte er.
Das war typisch für meinen Bruder. Er war immer ein mutiger Mensch, der sich für Gerechtigkeit einsetzte.

Allerdings hatte sein Mut schlimme Konsequenzen für ihn – und auch für uns. Mein Bruder wurde nämlich inzwischen von der Gruppe bedroht. Kurz darauf wurde in sein Büro eingebrochen. Jetzt hatte er Angst um meine Mutter und mich.
„Wir müssen zusammen fliehen. So schnell wie möglich. Irgendwie. Irgendwohin. Am besten nach Europa“, sagte er.
Aber so einfach war das leider nicht. Wir hatten nicht genug Geld für die Flucht.
Da beschloss mein Bruder, zunächst alleine nach Deutschland zu flüchten.
Dort angekommen, würde er einen Antrag auf Familienzusammenführung stellen.

7

# ERSTE FLUCHTVERSUCHE

Zu dieser Zeit war die Flucht nach Deutschland sehr schwierig. Mein Bruder brauchte mehrere Versuche, um nach Griechenland zu kommen. Um von den Schleppern nicht betrogen zu werden, gab es heimliche Büros, wo das Geld hinterlegt und erst an die Schlepper ausbezahlt wurde, wenn die Überfahrt geglückt war.

Von Griechenland aus nach Deutschland benutzte mein Bruder Busse, Züge und manches Mal musste er auch größere Strecken zu Fuß zurücklegen.
In einigen Ländern, die er durchquerte, war es nicht ratsam, von der Polizei aufgegriffen zu werden. Leider hatten mein Bruder und die Gruppe, mit der er auf der Flucht war, nicht immer Glück. In Ungarn wurden sie festgenommen und sehr schlecht behandelt. Sie waren froh, als sie nach 30 Stunden endlich ihre Reise

in Richtung Deutschland fortsetzen konnten.

Als mein Bruder mir telefonisch von seiner Flucht berichtete, dachte ich, das hört sich alles wie schlechtes Kino an. Meiner Mutter durfte ich das nicht erzählen, da wir ja unsere Flucht noch vor uns hatten.

Diese wurde immer dringlicher, weil mein Bruder von seinen früheren Kollegen erfahren hatte, dass man sie zwang, die Adresse meiner Mutter und mir herauszurücken. Unsere Angst wurde immer größer, dass man uns bedrohen könnte. Darum beschlossen wir, nicht mehr zu warten, und bereiteten unsere Flucht vor. Wir verkauften unsere Möbel und unseren Hausrat und liehen uns Geld, denn wir wollten nicht warten, bis etwas passiert.
Die beste Freundin meiner Mutter und deren Schwägerin waren gerade in der Türkei angekommen und wollten nach Schweden zu ihren Familien. Wir beschlossen, uns gemeinsam auf den Weg zu machen. Zunächst flogen wir nach Izmir am Mittel-

meer. Von dort wollten wir über das Meer nach Griechenland starten.

In Izmir angekommen, erhielt ich einen Facebook-Anruf.
Der Teilnehmer war mir unbekannt.
„Hallo“, sagte der Unbekannte.
„Hallo“, antwortete ich verwundert. „Wer sind Sie?“
„Das spielt keine Rolle“, erwiderte er. „Ich habe gehört, dass ihr nach Europa fliehen wollt. Ich will euch dabei helfen.“
Mein Herz klopfte. Konnte ich diesem Unbekannten trauen?

Ich hatte in einer Gruppe bei Facebook nach dem besten Fluchtweg gefragt. Das war zwar etwas riskant, aber da so viele Menschen auf der Flucht waren, war die Wahrscheinlichkeit, dass wir uns darüber verrieten, nicht so groß. Der Anruf kam im richtigen Moment, denn wir wussten überhaupt nicht, wie es weitergehen sollte.
„Ich empfehle euch erst mal eine günstige Unterkunft. Alles Weitere besprechen wir an einem Treffpunkt.“

Was blieb uns anderes übrig, als diesem Unbekannten zu trauen? Also machten wir uns auf die Suche nach dem Hotel und fanden dort tatsächlich eine günstige Unterkunft. Dann gingen wir zum vereinbarten Treffpunkt, um mit dem Unbekannten die weiteren Pläne zu besprechen.
Tatsächlich wartete ein fremder Mann auf uns. Es war ein mysteriöser Typ und wir wussten nicht, ob wir ihm trauen konnten. Aber letztendlich hatten wir keine Wahl.
Der Mann war Mitglied eines Schleppernetzwerkes.
„In zwei Tagen kann die Reise stattfinden", verriet er uns. „Ich habe euch Plätze in einem Schlauchboot organisiert."
„Aber wird denn auch alles gutgehen?", fragte meine Mutter ängstlich. „Wir haben gehört, dass so viele Menschen auf der Flucht verunglücken."
„Das Schlauchboot ist ganz sicher", versprach der Mann. „Es ist nagelneu, außerdem ist es sehr groß."
In unserer Not stimmten wir zu. 850 Dollar pro Kopf verlangte der Mann von uns. Das war ein günstiges Angebot. Von meinem

Bruder wusste ich, dass er viel mehr Geld bezahlt hatte.

– – – –

In Izmir gab es viele Schlepper. Sie sprachen auch uns an und versprachen, uns sicher nach Griechenland zu bringen.
„Nur 30 Personen mit einem sehr guten Schlauchboot, neun Meter lang, und einem guten Motor. Du bist in einer Stunde in Griechenland“, versicherten sie.
Aber wir hatten uns ja bereits entschieden.
Am nächsten Tag wandte sich der Schlepper wieder an uns. „Morgen Nacht geht es los“, sagte er. „Ein Bus wird euch abholen und dann zu einem Geschäft weiterfahren, in dem noch weitere Menschen einsteigen werden.“
Tatsächlich verlief alles wie geplant. Im Geschäft angekommen, mussten wir drei Stunden warten. Dann kam ein Mann auf uns zu.
„Einsteigen! Auf die Ladefläche mit euch!“, rief er uns zu.
Gemeinsam stiegen wir auf die Ladefläche des Lkws. Zum Glück gab es ein kleines

Loch im Dach, durch das wir frische Luft bekamen.
„Seid bloß still, sonst werdet ihr alle entdeckt!“, flüsterte der Lkw-Fahrer.
Wir gaben keinen Ton von uns.
Dann wurde die Laderampe geschlossen.
Nun waren wir eingesperrt, denn die Tür ließ sich nur von außen öffnen. Wir hatten große Angst, dass der Fahrer fliehen könnte und uns alleine im Lkw zurückließe.
Aber der Wagen setzte sich tatsächlich in Bewegung.

Wir waren bereits ein paar Stunden unterwegs, als wir ein Martinshorn hörten.
Ängstlich starrten wir uns an. War das die Polizei? Oder war ein Krankenwagen unterwegs? Mein Herz schlug bis zum Hals.
Meine Mutter drückte meine Hand so fest, dass sie sie fast zerquetschte.
Zum Glück waren wir nicht gemeint.
Der Lkw fuhr weiter und weiter.

Nach einer Stunde hielt er plötzlich an und die Laderampe wurde geöffnet.
Ängstlich starrten wir nach draußen.

Der Fahrer stand vor uns.
„Schlechte Nachricht", knurrte er. „Die Überfahrt kann leider heute nicht stattfinden. Das Meer ist viel zu aufgewühlt."
„Und was machen wir jetzt?", rief eine Frau aufgeregt.
„Wir bringen euch zurück!", sagte der Mann. „Da könnt ihr erst mal in einem leeren Geschäft übernachten."

Jetzt mussten wir warten, bis das Wetter sich bessern würde. Dann sollte der nächste Versuch stattfinden. Die ewige Warterei kostete Kraft und ging allen schrecklich auf die Nerven.
Um uns abzulenken, sahen wir uns ein bisschen in der Stadt um. Aber wir kamen nicht zur Ruhe. Immer wieder dachten wir voller Angst an die bevorstehende Flucht.
Vier Tage später war es endlich so weit.
Es wurde auch Zeit, denn unsere Nerven waren zum Zerreißen gespannt.
Dieses Mal wurden wir mit einem Bus transportiert. Alle hofften, dass es nun klappen würde. Aber noch bevor das Schlauchboot aufgeblasen war, hörten

wir zwei Menschen aufgeregt schreien: „Die Polizei ist da."
Wir gerieten in große Panik und versuchten, uns zu verstecken. Erst heute, mit einigem Abstand, denke ich, dass das vielleicht sehr komisch aussah, da wir alle bereits unsere Schwimmwesten angelegt hatten. Die Polizei fand uns alle. Die Schlepper dagegen waren im Nu von diesem Ort verschwunden.

Unsere Gruppe stand hilflos herum. Zunächst glaubten wir, die Polizei bestechen zu können, um doch noch auf das Boot steigen zu dürfen – leider vergeblich. Trotzdem waren die Polizisten aber nett zu uns. Sie riefen sogar Taxen für uns, damit wir in die Stadt zurückfahren konnten.
Unsere kleine Gruppe fand eine Übernachtungsmöglichkeit in der Wohnung eines der Schlepper, die dann wieder auftauchten. Seine Frau versorgte uns mit Essen und Trinken. Wir waren für die Gastfreundschaft sehr dankbar.

– – – –

Schon am nächsten Tag sollte es einen neuen Versuch geben. Diesmal fand unsere Fahrt

aufs Meer im Dunkeln statt. Alles lief wie geschmiert. Wir stiegen ins Boot, es war ganz schön eng, anstatt der versprochenen 30 Personen waren wir jetzt 40.
Die Schlepper stiegen nicht mit uns in das Boot, sondern blieben am Strand zurück. Sie überließen einem Mann das Boot, von dem sie annahmen, dass er ein bisschen Erfahrung damit hatte. Er bekam dafür die Überfahrt kostenlos.

Der Mann warf den Motor an und steuerte mit uns auf das Meer hinaus. Weiter und weiter fuhren wir in die Dunkelheit hinein. Und dann ganz plötzlich nach zwei Stunden setzte der Motor aus. Totenstill war es nun. Das Boot trieb schweigend auf dem dunklen Meer.
Der Bootsführer versuchte alles, um den Motor wieder in Gang zu bringen. Wieder und wieder startete er den Motor, aber es tat sich nichts. Jetzt brach eine große Panik aus. Kinder weinten, Menschen schrien, einige beteten. Wir versuchten, die griechische Marine per Handy um Hilfe zu bitten, aber wir bekamen keinen Kontakt. Ein Mann war

so verzweifelt, dass er über Bord sprang und schwimmend versuchte, die griechische Küste zu erreichen.

Plötzlich sahen wir ein Marineschiff in der Dunkelheit auftauchen. Einige von uns sprangen auf, winkten und schrien um Hilfe. Da hielt es direkt auf uns zu.
„Hoffentlich sind das die Griechen?", sagte ich leise zu meiner Mutter. „Dann bringen sie uns wenigstens nach Griechenland."
Leider war das aber nicht so. Es war ein türkisches Schiff, das neben uns anhielt. Trotzdem war ich unglaublich erleichtert, dass wir überhaupt gefunden worden waren.
„Einer ist ins Wasser gesprungen!", schrie jemand.
Die Matrosen handelten sofort. Sie ließen ein Rettungsboot zu Wasser und suchten mit ihren Scheinwerfern in der Dunkelheit nach dem Schwimmer und brachten ihn in Sicherheit.
Inzwischen waren wir alle auf das Schiff umgestiegen. Man brachte uns in einen türkischen Hafen zurück. Unsere Enttäuschung war riesengroß. Wir waren im Grunde keinen Schritt weitergekommen.

Immerhin hatte keiner von uns Schaden genommen. Das war das Wichtigste. Aber es war ja noch Nacht und bitterkalt. In der Nähe des Hafens gab es einen Busbahnhof. Hier versuchten wir, Schutz zu suchen. Die Männer suchten in den noch nicht geleerten Müllbehältern nach etwas Brennbarem. Schließlich fanden sie Papier und etwas Holz und entfachten ein kleines Feuer. So konnten wir uns die Hände wärmen und unsere nass gewordenen Schuhe ein wenig trocknen. Müde und niedergeschlagen warteten wir auf den ersten Bus, der uns nach Izmir zurückfuhr.
Einigen von uns war danach die Lust auf Europa vergangen und sie waren sehr verzweifelt, aber zurück konnten sie nicht mehr, da sie in ihrer Heimat alles aufgegeben hatten.

8

# EIN NEUER VERSUCH

Wieder in Izmir angekommen, warteten wir erneut auf den nächsten Versuch.
Zwei Tage später ging es los.
Wir wurden von einem Van abgeholt. Später stieß eine weitere Gruppe zu uns. In dieser gab es einen Jugendlichen in meinem Alter. Er hieß Hischam und war ebenfalls mit seiner Familie unterwegs.
Er hatte sehr schnell Kontakt zu allen, redete wie ein Buch ohne Punkt und Komma, egal um welches Thema es sich handelte. Er hatte zu allem eine Meinung. Ich beneidete ihn ein bisschen um seine Lockerheit.

– – – –

Die Schlepper behandelten uns wie Ware.
„Wohin bringen Sie uns?“, fragten wir.
„Wie lange wird die Fahrt dauern?“
Aber unsere Fragen blieben unbeantwortet.
Es war Abend, als wir endlich am Strand ankamen. Da die Weiterfahrt erst am frühen

Morgen stattfinden sollte, waren wir froh, dass uns ein Bauer auf seinem Hof die Möglichkeit gab, im Stall bei seinen Kühen zu übernachten.
Anscheinend hatte der Bauer Mitleid mit uns und lud uns später in seine kleine, warme Hütte ein. Hischam bemerkte, dass es mich immer noch fror, und er bot mir seine Jacke an. Zunächst zierte ich mich und lehnte ab. Aber er blieb hartnäckig und irgendwann nahm ich sein Angebot an.

- - - -

Endlich wurde es hell und wir bereiteten uns auf den nächsten Versuch vor, nach Griechenland zu kommen. Die Schwimmwesten wurden angezogen und wir stiegen in das wartende Boot.
Dann ging es aufs Mittelmeer hinaus. Unser Schlauchboot war nicht besonders groß. Es schaukelte auf den Wellen wie eine Nussschale.
Einmal sahen wir in der Ferne ein großes Schiff und waren froh, dass es nicht in unserer Nähe war. Die Wellen hätten unser Boot zum Kentern bringen können.

Es war ein schreckliches Gefühl, in einem kleinen Schlauchboot zu sitzen und nicht zu wissen, ob es uns sicher auf die Insel bringt. Wir verloren den Überblick über die Zeit. Manchmal weinten kleinere Kinder, weil es zu eng für sie war. Die meisten von uns aber schwiegen vor Angst.
Die Fahrt schien endlos. Hischam wurde irgendwann seekrank und er „fütterte die Fische". Der Rest aber hielt tapfer durch. Mir gelang es sogar, ein paar Fotos zu machen.

Wir schienen bereits endlos auf dem Meer zu sein, als ein Mitreisender rief: „Land, Land!" Und tatsächlich tauchte in der Ferne ein schmaler Landstreifen auf.
Komisch erschien uns plötzlich, dass der Strand eine orangene Farbe hatte. Erst beim näheren Hinsehen erkannten wir, dass er übersät war mit weggeworfenen Rettungswesten. Das zeigte uns, wie viele Flüchtlinge bereits vor uns auf der Insel angekommen waren.
Alle waren überglücklich. Lachend und weinend fielen wir uns in die Arme. Wir waren auf der Insel Lesbos an unserem Ziel

angekommen. Jetzt waren wir endlich in Europa. Die Stimmung war unheimlich gut. Der schwierigste Teil unserer Reise nach Europa war geschafft.

– – – –

Jedem war klar, dass sich ab jetzt jeder um sich selbst kümmern musste. Ich hatte nicht vor, mit Hischam und seiner Familie zusammenzubleiben. Aber da wir uns sehr gut verstanden, haben wir einander den Rücken gestärkt und blieben zusammen.

Viele Ehrenamtliche von verschiedenen Organisationen erwarteten uns bereits.
Als Erstes erhielten wir Wasser und etwas zu essen.
Anschließend fuhren sie uns zu einer riesigen Aufnahmestelle. Dort bekamen wir eine sogenannte „Kharta", eine Art Ausweis, mit dem man in Griechenland die Reise fortsetzen darf. An einem kleinen baufälligen Stand konnte man Tickets für das nächste Schiff nach Athen erwerben. Für uns stand sofort fest, dass wir hier nicht übernachten, sondern gleich weiter nach Athen reisen

wollten. Aber wir erhielten die Auskunft, dass die Schiffsbesatzung die nächsten drei Tage streikt. Wohl oder übel mussten wir nach einer Übernachtungsmöglichkeit suchen.
Die Aufnahmestelle war großräumig eingezäunt und es gab viele Zelte, von denen wir uns zwei aussuchten.
Durch unseren Zwangsaufenthalt hatten wir Zeit, uns in der Umgebung umzusehen. Wir Männer waren gut drauf und machten einen Ausflug zu einer in der Nähe gelegenen Burg. Die Frauen wollten sich nur ausruhen.
Am dritten Tag nahmen wir Taxen zum Hafen, wo uns bereits ein sehr großes Fährschiff erwartete. Ich war tief beeindruckt, ein so großes Schiff hatte ich noch nie gesehen.

Natürlich waren wir nicht die Einzigen, die auf das Schiff wollten. Eine riesige Menschenschlange hatte sich am Schiffsanleger aufgestellt. Wir brauchten vier Stunden, bis wir endlich das Schiff betreten konnten. Obwohl unsere Situation so schwierig war, genoss ich die Reise. Nach neun Stunden legte das Schiff im Athener Hafen an.

Unser nächstes Ziel war Mazedonien. Im Hafen warteten bereits Busse, um die vielen Menschen weiterzutransportieren. Der Bus war schnell gefüllt und fuhr gleich los. Da Hischam und ich Englisch sprechen konnten, wurden wir gebeten, auf dem Beifahrersitz Platz zu nehmen, um für alle übersetzen zu können. Der Bus machte sich schließlich auf den Weg, hielt aber nach ein paar Stunden plötzlich an einer Autobahnraststätte an.
„Alle aussteigen!", rief der Fahrer.
Jetzt wurden alle unruhig.
„Warum sollen wir aussteigen?", fragten wir. „Es war doch abgemacht, dass uns der Bus bis an die Grenze bringt. Hier ist aber keine Grenze!"
„Gleich kommt ein anderer Bus!", behauptete der Fahrer in schlechtem Englisch.
Wir hatten keine Wahl. Unruhig stiegen wir aus. Es war Nacht. Ungeduldig warteten wir auf den versprochenen Bus. Aber nach einer Stunde war er immer noch nicht da.
„Ich glaube nicht, dass der Bus noch kommt", sagte jemand.
Und ein anderer schlug vor: „Lasst uns zu Fuß bis zur Grenze laufen."

Eigentlich war der Vorschlag total verrückt, denn keiner von uns wusste, wie weit es bis dahin war. Trotzdem machten wir uns auf den Weg und liefen auf der Standspur Richtung Grenze.
Wir waren so naiv, dass wir glaubten, per Autostopp einen Bus zum Halten bringen zu können. Aber das war natürlich Quatsch. Wer tatsächlich irgendwann anhielt, war die Polizei. Die wollte uns so schnell wie möglich aus der Gefahrenzone heraushaben und hielt den nächsten Bus an. Der war bereits besetzt, aber wir drückten uns alle noch hinein.
An der nächsten Raststätte hatte der Busfahrer die Nase voll und schmiss uns wieder raus. Die Polizei war uns allerdings gefolgt und wieder an unserer Seite. Wir baten sie, für uns einen Bus anzufordern.
Als endlich nach Stunden der Ersatzbus eintraf, forderte der Fahrer für die 100 Kilometer bis zur Grenze 500 Euro für unsere Gruppe. Das war ärgerlich, da wir ja schon einmal bezahlt hatten. Hischam und ich mussten den Leuten erklären, dass sie noch einmal zur Kasse gebeten wurden. Also sammelte jemand von

uns das Geld ein, damit wir unsere Reise endlich fortsetzen konnten. Einige hatten kein Geld mehr, da legten wir alle dazu.

Zwei Stunden später kamen wir an der Grenze an. Da warteten bereits Dutzende Busse auf ihre Abfertigung. Vielleicht war das der Grund, warum uns der Busfahrer 100 Kilometer vor der Grenze aussteigen ließ, weil er keine Lust hatte, eventuell Stunden bis zur Abfertigung zu warten.

– – – –

An der Grenze teilte die Polizei die Menschen in drei Schlangen ein, um das Chaos besser organisieren zu können. Wir wussten, wenn wir uns in eine Schlange einreihen, würde es Stunden dauern, bis wir abgefertigt sein würden. Ich suchte nach einer Möglichkeit, die Sache abzukürzen. Im großen Bogen führte ich unsere Gruppe zu der Schlange, die als nächste abgefertigt wurde. Unsere Gruppe bestand aus meiner Mutter und mir, der Freundin meiner Mutter, deren Schwägerin, Hischam und seiner Familie. Durch meinen Trick hatten wir bestimmt fünf

Stunden Wartezeit gespart. Heute habe ich ein schlechtes Gewissen, weil wir uns einen Vorteil auf Kosten anderer verschafft hatten.

Unsere Situation war oft überhaupt nicht zu überblicken. Wir wussten manchmal nicht, wo wir waren und wie es weiterging. Da die Akkus unserer Handys oft leer waren, funktionierte auch unser GPS nicht. Manchmal folgten wir dem Flüchtlingsstrom wie Lemminge, bis wir einen Bus oder Zug fanden, der uns weiter in Richtung Norden brachte. Wir wollten so schnell wie möglich in Deutschland ankommen, um dort in Sicherheit leben zu können. Wir kannten die Namen der Städte nicht, aber wir bewegten uns weiter und weiter auf dieses unbekannte Ziel zu.

An fast jeder Aufnahmestation wurden Getränke, belegte Brote und Obst verteilt. Für Kranke gab es medizinische Versorgung. Sehr wichtig für uns war, dass es dort ein funktionierendes WLAN-Netz und Steckdosen zum Aufladen unserer Handys gab. Wir brauchten unsere Handys, um mit unseren Verwandten in Kontakt zu bleiben, aber auch, um unsere Reise weiter zu organisieren.

Massen von Menschen suchten nach Möglichkeiten für die Weiterreise. Es war schwierig, die Gruppe beieinanderzubehalten. Hischam und ich hatten uns die Verantwortung für unsere Gruppe aufgeteilt. Hischam war für das Gepäck zuständig. Meine Aufgabe war es, freie Plätze im Bus oder im Zug zu belegen. Mit Freundlichkeit kam man hier nicht weiter. Ich musste lernen, mich durchzusetzen und schnell zu sein, um den Überblick zu behalten. Manchmal musste ich sogar die Plätze lautstark verteidigen. Das war nicht so einfach für mich.

– – – –

Endlich hatten wir die Grenze nach Mazedonien überschritten. Wir mussten noch unsere Fingerabdrücke abgeben und die Reisepässe vorzeigen, dann ging die Fahrt weiter. Hundemüde stiegen wir in den nächsten Bus. Wir hatten keine Ahnung, was unser nächstes Ziel war. Ich war so erschöpft, dass ich an Hischams Schulter einschlief.

Stunden später erreichten wir die serbische Grenze. Man hatte ein Camp mit Zelten eingerichtet, damit die Flüchtlinge die Möglichkeit hatten, sich auszuruhen. Dankbar und müde suchten wir uns einen Schlafplatz.
Am Tag darauf ging die Reise per Zug in Richtung kroatisch-slowenische Grenze weiter. Im Zug herrschte das totale Chaos. Die Gänge waren verstopft mit Menschen und Gepäck. Wenn jemand dringend zur Toilette musste, hatte er ein Problem. Männer konnten im Notfall in eine Flasche pinkeln, Frauen waren da schlechter dran.
An der kroatisch-slowenischen Grenze war zunächst Endstation. Wieder gab es eine Kontrolle.
Über die Grenze nach Slowenien folgten wir der Menschenmasse bis zur nächsten Kontrolle vor dem Bahnhof. Allmählich hatten wir so die Nase voll von diesen ständigen Kontrollen, dass wir sie kaum noch ertragen konnten. Wir wollten nur noch an unser Ziel.

Plötzlich stellten wir fest, dass unsere Gruppe nicht mehr vollständig war. Wir vermissten einen jungen Mann aus Hischams Familie.
Da wir kein Netz hatten, konnten wir keinen Kontakt zu ihm herstellen. Ob und wann die Familie sich wieder getroffen hat, habe ich nicht erfahren.
Dann stiegen wir in den Zug, der uns nach Österreich bringen sollte. Nach Stunden kamen wir in einem Camp an.
Dort benötigten wir dringend eine Pause, um zu schlafen und uns auszuruhen.

Am nächsten Morgen standen wir erneut in einer Schlange, um uns kontrollieren zu lassen, bevor wir in den Bus in Richtung Deutschland steigen durften.
Bis hierher kostete uns die Reise ca. 1 200 Dollar pro Kopf, was unter diesen Umständen sogar günstig war. Es gab andere, die bis zu 2 500 Dollar bezahlen mussten.

9

# MEIN FREUND HISCHAM

Das Village war unsere erste Station in Deutschland. Dort habe ich die schlimmsten Tage meines Lebens verbracht. Das lag nicht nur an unserer Unterbingung, sondern an Hischam, zu dem ich auf unserer Flucht nach Deutschland eine tiefe Freundschaft aufgebaut hatte.

Bevor ich weitererzähle, möchte ich erklären, wie die Freundschaft zwischen Hischam und mir entstanden ist. Eigentlich bin ich jemand, der nicht so leicht Vertrauen zu einem anderen Menschen entwickelt. Und wie ich schon erläutert habe, war es mir bis jetzt durch die vielen Schulwechsel immer schwergemacht worden, Freundschaften zu schließen.
Aber Hischam und ich sind gleichaltrig und hatten ähnliche Probleme. Vielleicht war das der Grund, warum wir uns gleich so gut verstanden. Zwischen uns stimmte die Chemie von Anfang an.

Hischams Aufgabe war es, seine Familie zu seinem Vater nach Schweden zu bringen, ich dagegen sollte unsere Mutter zu meinem Bruder nach Bayreuth begleiten, der dort bereits in einer Gemeinschaftsunterkunft wohnte.

Wir waren während unserer Flucht täglich 24 Stunden zusammen. Wenn es mich fror, gab er mir seine Jacke, seine Mütze und was er sonst entbehren konnte. Als ich krank wurde, half er mir mit seinen Medikamenten und achtete darauf, dass ich sie auch nahm. Ich musste dringend schlafen, während er wach blieb und auf mich aufpasste.
Bevor ich ihn kennenlernte, hatte ich niemanden, dem ich mein Herz öffnen konnte. Mit ihm konnte ich über alles reden, was mich bewegte. Wenn ich traurig war, hörte er mir zu und tröstete mich. Manchmal fiel es mir schwer, über das zu reden, was mich beschäftigte, dann machte er richtig Druck und zwang mich, ihm meine Probleme mitzuteilen.
Ich versuchte das Gleiche mit ihm. Aber ich war weniger intensiv. Ich spürte, dass es

Dinge gab, über die er mit mir nicht spontan reden konnte, und so ließ ich ihn in Ruhe, aber es tat ihm gut, dass ich in seiner Nähe war und mit ihm schwieg.
Er war wie ein Bruder für mich. So einen hatte ich mir immer erträumt. Meine Geschwister sind alle deutlich älter und ich hätte gerne einen jüngeren Bruder gehabt.

Außer uns beiden sprach in unserer Gruppe niemand Englisch. Wir beiden mussten für alle die notwendigen Entscheidungen treffen. Obwohl wir beide noch sehr jung waren, hatten wir eine große Verantwortung.
Diese zwei Wochen, in denen wir täglich zusammen waren, waren die schönsten Tage meines bisherigen Lebens. Ich hatte Angst vor dem Tag, an dem wir uns trennen mussten.

----

Wo wir in Deutschland gelandet waren, wussten wir beim Ankommen noch nicht.
Es war der 11. Dezember 2015 und es war dunkel und sehr kalt. Bevor wir aus dem Bus stiegen, sahen wir, wie die Security das Tor

öffnete und, nachdem wir es passiert hatten, wieder schloss. Wir hatten keine Ahnung, wo wir waren. Wir waren nicht mal sicher, ob wir in Deutschland waren. Da das Tor hinter uns verschlossen wurde, war unsere Sorge groß, dass wir vielleicht in einem Gefängnis gelandet waren. Wir dachten, jetzt passiert uns das, was mein Bruder in Österreich erlebt hatte. Er wurde dort nämlich von der Polizei festgenommen und für ein paar Tage in eine Zelle gesteckt.
Am nächsten Tag stellten wir fest, dass wir in einem ehemaligen amerikanischen Village untergebracht worden waren. Mein Gefühl, in einem Gefängnis zu sein, blieb allerdings.

Am Abend unserer Ankunft warteten wir in einer langen Schlange vor einem Gebäude. Wir waren übermüdet, froren und waren erleichtert, als sich die Tür öffnete und wir in einen Saal kamen.
Dort wartete bereits eine weitere Menschenschlange auf die Registrierung. Wir stellten uns hinten an und brauchten viel Geduld. Währenddessen versuchte Hischam mit seinem Vater und ich mit meinem Bruder

zu telefonieren, um mitzuteilen, dass wir in Deutschland angekommen sind. Das WLAN war allerdings so schwach, dass der Empfang nur im Freien möglich war, aber selbst das reichte nicht, um eine Verbindung zu unseren Angehörigen herzustellen.
Hischam wandte sich an einen Security-Mann. „Können Sie mir wohl mal helfen? Ich muss unbedingt mit meinem Vater telefonieren und ihm sagen, dass wir in Deutschland sind", fragte Hischam auf Englisch.
Der Security-Mann nickte freundlich und stellte eine Verbindung von seinem Handy zu Hischams her.
Hischam war überglücklich. Aufgeregt teilte er seinem Vater mit, dass seine Familie sicher in Deutschland angekommen ist.
Leider hatte der Security-Mann wohl keine Zeit mehr für uns. Er ging weg und damit verloren wir auch unsere WLAN-Verbindung und ich die Möglichkeit, mit meinem Bruder zu telefonieren.

– – – –

Es war klar, dass Hischam in ein paar Tagen mit seiner Familie weiterreist und ich damit

meinen Freund verlieren würde. Darüber war ich sehr unglücklich. Ich hatte immer schon Verlustängste und konnte mir nicht vorstellen, dass es eine Freundschaft für immer gibt. Hischam wollte ebenfalls, dass ich bei ihm blieb. Auch ihm war unsere Freundschaft sehr wichtig.
Schon Tage zuvor diskutierten wir heftig, ob Deutschland oder Schweden das bessere Land für uns wäre. Hischam bat seinen Vater um nähere Informationen über das Leben eines Asylanten in Schweden und ich zog gleichzeitig Erkundigungen bei meinem Bruder über Deutschland ein.
Dann diskutierten wir lebhaft hin und her. Schließlich gewann Hischam. Ich ließ mich von ihm überzeugen, dass Schweden auch für mich das richtige Land sein würde.
Jetzt hieß es, meine Mutter zu überzeugen. Das war eine schwere Aufgabe.
„Mama, ich habe noch mal über unser Ziel nachgedacht“, begann ich. „Ich glaube, es ist besser, wenn ich nach Schweden gehe. Da bekomme ich gleich einen Platz an der Uni und muss nicht lange warten. Und dort soll die Ausbildung auch sehr gut sein.“

„Das hat dir doch Hischam gesagt!", regte sich meine Mutter auf. „Du kannst nicht mit ihm nach Schweden gehen."
„Dann fahr doch allein weiter", schlug ich vor. „Khaled-Omar holt dich doch im Village ab."
„Du musst aber mitkommen!", rief meine Mutter. „Bitte, Mama, versteh mich doch", versuchte ich es erneut. „Schweden ist einfach das bessere Land für mich."
„Bisher war doch immer England das gelobte Land für dich", sagte meine Mutter. „Plötzlich hast du dein Ziel geändert. Das machst du nur wegen Hischam."
Sie hatte immer wieder beobachtet, wie ich mich im Bus oder Zug neben ihn setzte.
„Bitte, Mama, versteh doch ..."
„Ich lasse es nicht zu, dass Hischam mir meinen Sohn wegnimmt!", rief meine Mutter unglücklich. Ich versuchte es noch einmal mit neuen Argumenten, aber meine Mutter winkte ab.
„Ich bin müde, lass uns morgen darüber sprechen", wies sie mich ab. Alle Leute wurden Zeuge unserer Spannungen, da es keine Privatsphäre gab, und das war mir ziemlich peinlich.

Nachdem ich eine schnelle Entscheidung brauchte, war ich hin und hergerissen.
Auf der einen Seite machte Hischam Druck, auf der anderen Seite machte mir meine Mutter ein schlechtes Gewissen. Ich war verzweifelt und wusste nicht, wie ich mich entscheiden sollte. Zuletzt kam mir meine Mutter ein Stück entgegen.
„Wenn du mich zu deinem Bruder bringst, bist du frei und kannst machen, was du willst", sagte sie schließlich.
Aber ich war mir ziemlich sicher, dass sie nicht ehrlich war. Bestimmt hoffte sie, dass mich mein Bruder überreden würde, in Deutschland zu bleiben. Und das wollte ich mittlerweile auf keinen Fall mehr. Sie dort hinzubringen, war für mich keine Lösung.
Im Village hatte ich noch die Möglichkeit, mich zwischen Deutschland und Schweden zu entscheiden. Wenn ich erst mal bei meinem Bruder war, hatte ich keine Chance mehr, nach Schweden weiterzureisen.

„Hischam kann doch hier warten, bis du zurück bist und sich alles geklärt hat", schlug meine Mutter vor.

Aber das hätte bedeutet, dass Hischam mit seiner Familie in einem Hotel auf mich warten müsste. Das alles wäre mit Kosten verbunden. Geld, das sie dringend für ihre Weiterreise benötigten.
Außerdem war ja nicht mal sicher, ob ich zurückkommen würde und sie eventuell umsonst gewartet hätten. Nein, die Entscheidung musste hier und jetzt getroffen werden und sie lag einzig und allein bei mir.
Dieser Gedanke war einfach nur schrecklich.

IO

# EINE SCHRECKLICHE ENTSCHEIDUNG

Im Village ging es zum Übernachten in ein ehemaliges Schulgebäude. Wir erhielten einen Plastiksack mit Hygieneartikeln, Decken und Handtüchern sowie etwas zu essen und zu trinken. Außerdem hatten wir noch unser Gepäck dabei. Das war keine leichte Aufgabe, zumal die Frauen am Ende ihrer Kräfte waren und wir Männer uns auch um deren Habseligkeiten kümmern mussten. Meine Hände hatten tiefe Rillen vom Tragen und sie taten mir schrecklich weh.

Die Freundin meiner Mutter war auch psychisch am Ende ihrer Kräfte und drehte völlig durch. Sie lief plötzlich Richtung Tor. „Taxi! Taxi!", schrie sie. Tatsächlich glaubte sie, mit einem Taxi nach Schweden fahren zu können. Welch ein Schwachsinn! Vor lauter Erschöpfung muss sie geglaubt haben, dass Schweden um die Ecke liegt.

„Was machst du da?", rief ich erschrocken.
„Ich halte es nicht mehr aus!", rief sie. „Das Warten unter diesen Umständen macht mich ganz krank."
„Bitte, halte durch", bat ich sie. „Du kommst doch alleine gar nicht zurecht. Wie willst du dich denn verständigen?"
Sie zögerte und sah mich ratlos an.
„Bleib bei uns", riet ich ihr. „Nur in der Gruppe können wir zusammenhalten."
Sie überlegte einen Moment lang, dann sah sie ein, dass ich Recht hatte. Ich war stolz auf mich, dass ich sie hatte überzeugen können.

– – – –

Als wir in der Schule angekommen waren, richteten mein Freund und ich uns so gut es ging in einem ehemaligen Klassenzimmer ein, sodass unsere Gruppe für diese Nacht erst einmal untergebracht war. Später kam noch eine weitere Familie in unseren Raum.
„Bitte, kommt am nächsten Morgen um 7.00 Uhr wieder in den Saal", sagte man uns. „Dann geht es weiter."
Leider klappte das nicht ganz. Wir waren nämlich so erschöpft, dass wir verschliefen

und erst um 9.00 Uhr aufwachten. Jetzt mussten wir uns beeilen, unsere Sachen packen und so schnell wie möglich zum Treffpunkt gehen.

Dort hielt sich ein Dolmetscher für uns bereit. „Alle, die nicht in Deutschland bleiben wollen, sollen sofort weiterreisen, bevor man sie registriert hat“, erklärte er. „Allerdings warne ich euch. Es kann sein, dass ihr im Zug unter Umständen an der Weiterfahrt gehindert werdet.
Wenn ihr meine Meinung hören wollt, bleibt in Deutschland“, fuhr der Dolmetscher fort. „Ich würde sagen, Deutschland ist das beste Land in Europa. Die Übrigen, die in Deutschland bleiben wollen, sollten sich vor dem Gebäude des Bundesamtes für Migration und Flüchtlinge, abgekürzt BAMF, auf dem Village-Gelände einfinden.“
Trotzdem verließen viele Leute mit anderen Zielen das Village.
Für die, die in Deutschland um Asyl bitten, gibt es nun ein bestimmtes Verfahren. Die Personalien werden aufgenommen, man muss Fingerabdrücke abgeben. Es folgen

ärztliche Untersuchungen mit anschließender Impfung gegen Diphtherie, Tetanus und Keuchhusten. Dies alles machen Soldaten und Ärzte der Bundeswehr.

– – – –

Jetzt war der schreckliche Moment gekommen. In dieser kurzen Zeit musste ich die Entscheidung treffen, ob ich mit meiner Mutter in Deutschland bleibe oder mit meinem Freund nach Schweden gehe. Ich hatte dafür nur fünf Minuten Zeit. Das war für mich die schwerste Entscheidung meines Lebens.
Immer wieder schwankte ich: meine Mutter oder Hischam, Deutschland oder Schweden? Hischam hatte in Schweden seine Familie in der Nähe. Aber wenn wir beide uns dort trennen würden, müsste ich ganz alleine in Schweden leben, getrennt von meiner Familie. Ich war innerlich fürchterlich zerrissen.

Wenn du an meiner Stelle gewesen wärest, welche Entscheidung hättest du wohl getroffen? Sollte ich bei meiner Mutter

bleiben, die meinetwegen mit mir in die Türkei geflohen ist und später mit mir über das gefährliche Meer nach Deutschland weiterfloh? Oder sollte ich mit meinem Freund mitgehen, den ich nur seit ein paar Tagen kannte, aber der mir so ans Herz gewachsen war wie ein Bruder?
Die Entscheidung zerriss mich fast. Dann plötzlich war mir klar: Ich wollte Hischam folgen und meine Mutter zurücklassen. Die Freundschaft zu Hischam war mir so wichtig, dass meine Mutter in dem Moment an zweite Stelle geriet.

Heute erscheint mir der Moment meiner Entscheidung wie ein Albtraum, als wenn ich in der Minute nicht ich selbst gewesen wäre. Ich gab meiner Mutter einen Kuss auf die Wange und schnappte mir meinen Rucksack, um Hischam hinterherzulaufen.
Meine Mutter und ich hatten fünf schwere Reisetaschen. Meine hatte ich mitgenommen und der Rest blieb bei meiner Mutter. Dabei war mir doch klar, dass sie die auf gar keinen Fall allein tragen konnte. Meine Mutter und ich hatten ein gemeinsames Handy, das ich

bei ihr ließ. Ich dachte, wenn ich später wissen möchte, wie es ihr geht, kann ich das Handy meines Freundes benutzen. Reisegeld hatte ich höchstens 100 Euro und wusste genau, dass das niemals reicht, um nach Schweden zu kommen.
Mein Plan war natürlich nicht wirklich ausgereift, dazu war mir ja gar keine Zeit geblieben.
Als ich meine Mutter küsste, sah sie mich ungläubig und geschockt an. Sie konnte nicht glauben, dass ich es ernst meinte, Hischam zu folgen und sie zurückzulassen.
Ich frage mich heute oftmals, wie ich meine Mutter in diese Situation habe bringen können. Bis jetzt kann ich diese Frage nicht beantworten. Ich habe bis heute noch immer ein schlechtes Gewissen und kann mich davon nicht freimachen. Auch wenn meine Mutter mir inzwischen verziehen hat, fühle ich mich noch immer schuldig. Als ich damals die Entscheidung traf, meine Mutter zu verlassen, wäre ich am liebsten gestorben.

Ich hatte sie plötzlich vor so viele Probleme gestellt: Meine Mutter spricht kein Englisch, sie war müde von der Flucht, im Handy war keine gültige SIM-Karte, sodass sie keinerlei Telefonate führen und auch keine SMS versenden konnte. Erschwerend kam hinzu, dass niemand mehr da war, den sie kannte. Später erzählte mir meine Mutter, dass sie auch zu der Zeit am liebsten tot gewesen wäre. Sie war von mir sehr enttäuscht.

Sie wusste überhaupt nicht, wie es für sie weitergehen sollte. Aufgrund des schwachen WLANs hatte sie noch nicht einmal eine Chance, sich bei Khaled-Omar auszuweinen.

11

## ZURÜCK

Unsere „Schwedengruppe" machte sich auf den Weg zum Bahnhof. Da uns aber niemand den Weg beschreiben konnte, waren wir ziellos.
Ich war zu der Zeit so unendlich traurig.
Die Freundin meiner Mutter und Hischam versuchten, mich zu trösten, doch das war nicht möglich. Ich war am Boden zerstört.
Anstatt ihnen beim Tragen des schweren Gepäcks zu helfen, zog ich die Kapuze meiner Jacke soweit es ging über mein Gesicht, damit nicht jeder sah, wie verheult ich war. Meine Gedanken befanden sich in einem dunklen Tunnel. Ich sah nicht, was rechts und links von mir passierte.

Als wir eine Tankstelle gefunden hatten, stellte sich heraus, dass wir dort keine SIM-Karten kaufen konnten. Zum Glück gab es hier WLAN. Mit Hischams Handy konnte ich meinen Bruder erreichen. Du kannst dir sicher vorstellen, was ich da zu hören bekam. Er brüllte mich an: „Hey, du Arschloch, bist du bescheuert? Ich kann nicht glauben, was Mama mir erzählt hat! Hast du vergessen, dass du deiner Mutter gegenüber eine Verantwortung hast? Du gehst auf der Stelle zu ihr zurück und bleibst da, bis wir uns treffen. Danach kannst du machen, was du willst."

„Aber …" begann ich.

Es fiel mir nichts zu meiner Verteidigung ein.

„Hör zu!", rief mein Bruder. „Wenn du unbedingt nach Schweden willst, dann gib deinen Pass nicht ab, denn damit ist der Registrierungsprozess eingeläutet und Schweden für dich erledigt." Er holte tief Luft und fuhr fort: „Wenn du aber tatsächlich nach Schweden gehst, mein Bruder, werde ich dir das nie verzeihen. Wenn du nicht in Deutschland bleiben willst, ist England besser als Schweden. Da habe ich auch Freunde, die sich um dich kümmern würden."

Ich suchte nach Worten. Irgendwie konnte ich überhaupt nicht verstehen, wie mein Bruder das alles schon wissen konnte.

– – – –

Völlig aufgelöst lief ich zu Hischam zurück.
„Ich habe meinen Bruder erreicht“, schluchzte ich. „Er war so wahnsinnig wütend und enttäuscht. Er verlangt von mir, dass ich zu meiner Mutter zurückgehe.“
„Aber du hast doch versprochen, bei mir zu bleiben“, rief Hischam unglücklich.
„Egal. Ich kann nicht. Bitte versteh das“, erwiderte ich.
Mich von Hischam zu trennen, tat so schrecklich weh. Ich konnte ihn nicht in den Arm nehmen. Zum Abschied habe ich nur Tschüss gesagt. Ich war völlig kopflos.

– – – –

In aller Eile rannte ich zum Village zurück. Dabei achtete ich überhaupt nicht auf den Weg. Irgendwie geriet ich plötzlich auf die Schnellstraße und lief auf der Standspur entlang. Autofahrer, die an mir vorbeifuhren, hupten und drohten mir mit dem Finger.
Ich beachtete sie nicht.
Plötzlich hielt ein Polizeifahrzeug neben mir. Sie fragten mich: „Was ist los mit dir?“
„I don’t understand, I can’t speak German“, antwortete ich.

Gleichzeitig war ich starr vor Schreck. Ich hatte Angst, dass sie mich mitnehmen würden. Aber meine Sorge war zum Glück umsonst. Sie sprachen Englisch, waren sehr freundlich und dann zeigten sie mir den richtigen Weg.
Als ich endlich wieder am Village angekommen war, war das Tor verschlossen.
Ich konnte mich nicht ausweisen und der Security-Mann verweigerte mir den Zutritt.
Ich konnte ihn auch nicht davon überzeugen, dass meine Mutter im Village war.
Per Funk fragte er an, ob mein Name auf einer der Listen stehe, aber das war wohl nicht der Fall.
„Tut mir leid, ich kann dich da nicht reinlassen", sagte er zu mir auf Englisch.
Ich war jetzt so sauer, dass ich zu ihm auf Englisch antwortete:
„Ich gehe da jetzt rein, auch wenn du mich dafür erschießt."
Erst dann schien er mir zu glauben und öffnete das Tor.
An der Stelle, an der ich meine Mutter verlassen hatte, fand ich nur ihre Taschen.
Ich war sehr erschrocken. Wo war sie?

War ihr etwas zugestoßen? War sie womöglich ins Krankenhaus gebracht worden?
In dem Moment kam mir ein Security-Mann entgegen.
„Wissen Sie, wo ich meine Mutter finden kann?“, fragte ich ängstlich.
Er war sofort informiert.
„Ah, du bist der böse Sohn, der seine Mutter im Stich gelassen hat“, sagte er.
Von ihm bekam ich keine Information. Also musste ich weiter fragen. Alle Befragten schienen zu wissen, dass ich der böse Junge war, und ich schämte mich.

- - - -

Als ich meine Mutter schließlich fand, sah sie schrecklich verweint aus. Wir waren beide unendlich erleichtert, fielen uns in die Arme und weinten gemeinsam.
„Warum hast du das gemacht?“, fragte meine Mutter wieder und wieder.
Ich fühlte mich schuldig und antwortete:
„Mama, frag mich bitte nicht. Ich war völlig kopflos, als ich meine Entscheidung traf.“
Sie hatte inzwischen das Prozedere der Registrierung durchlaufen und auch ich war

bereit, mich registrieren zu lassen. Ich wollte jetzt ganz schnell eine Entscheidung treffen, um meinen Fehler wiedergutzumachen. Eigentlich wollte ich unsere Pässe nicht abgeben, um jetzt keine endgültige Entscheidung zu treffen. Aber ich weiß nicht, ob es Müdigkeit, Erschöpfung oder was auch immer war, dass ich plötzlich unsere Pässe rausrückte. Damit war das Thema Schweden erledigt.
Da die Schicht der Beamten zu Ende war und ich meine Registrierung nicht abschließen konnte, erhielt ich an diesem Tag nur einen Ausweis für das Village. Meine Mutter war mit der Regestierung fertig und sollte in einen Bus einsteigen, der sie zu einer anderen Unterkunft transportieren würde. Sie weigerte sich, ohne mich in den Bus zu steigen. Auch mein Bruder, der immer noch sauer auf mich war, befahl mir telefonisch, meine Mutter nicht mehr aus den Augen zu lassen.

Du fragst dich vielleicht, warum ich mir von meinem Bruder vorschreiben lasse, was ich zu tun und zu lassen habe. Dazu muss ich wohl erklären, dass er zehn Jahre älter ist als ich. In meiner Kindheit war mein Vater oft abwesend, sodass mein Bruder die Vaterrolle übernommen hat.

----

Es war Freitagnachmittag und es stand damit fest, dass wir auf jeden Fall bis Montag im Village bleiben müssen. Mein Versuch, den Beamten zu überreden, doch noch meine Registrierung fertig zu machen, schlug fehl. Ich hielt ihm vor, dass wir dann das ganze Wochenende festsitzen würden. Ich war der Letzte in der Schlange und wenn der Beamte nett gewesen wäre, hätte er uns das Wochenende im Village erspart.

Im Village waren inzwischen Menschen aller Nationalitäten, Hautfarben und Sprachen gestrandet. Auf unserer Flucht gab es immer wieder Konflikte zwischen den verschiedenen Nationalitäten. Wir konnten nur hoffen, dass es ein friedliches Wochenende werden würde. Aber ich durfte nicht jammern, schließlich hatte ich uns ja die Verlängerung selbst eingebrockt.

12

# DAS VILLAGE

Du musst dir das Village folgendermaßen vorstellen. Früher lebten hier amerikanische Soldaten mit ihren Familien. Zu ihrer Sicherheit war das Gelände komplett eingezäunt und zusätzlich mit Stacheldrahtrollen verstärkt. Es ähnelte einem Hochsicherheitstrakt. Nach dem Abzug der Amerikaner stand das Village leer.
Mit der Ankunft so vieler Flüchtlinge wurde es notdürftig für die Aufnahme dieser Menschen hergerichtet.
Als wir ankamen, lebten hier bereits Tausende Menschen. Das ging nicht immer friedlich ab. Manchmal musste die Polizei eingreifen. Das Problem der Leute war, dass ihr Tag nicht strukturiert war.

----

Wir hatten keinerlei Informationen, wie es jetzt weitergehen sollte. Wir kannten uns auch im Village noch nicht aus. Das Zimmer,

das man uns zugewiesen hatte, war bereits bewohnt. Jemand gab uns einen Tipp, wo wir ein leeres Zimmer finden konnten. Die Türen ließen sich nicht abschließen. Wir schoben das Bett nachts vor die Tür, trotzdem schliefen wir sehr unruhig.
Es gab weder fließend Wasser noch funktionierende Toiletten. In den Containern konnte man nur kalt duschen. Die Toiletten waren nach dem Benutzen der vielen Menschen so verschmutzt, dass es einen ekelte.

– – – –

Samstagmorgen holte ich Frühstück aus der Kantine. Dort gab es WLAN und ich rief spontan Hischam an. Er war sofort am Telefon.
„Seif?", rief er erfreut.
„Ja, ich bin es", antwortete ich. „Ich wollte mal hören, wie es dir geht."
„Es geht so", antwortete er.
Ich spürte sofort, dass nicht alles in Ordnung war. Er trauerte genau wie ich um unsere Freundschaft und unsere Träume.

– – – –

Auf dem Weg zurück zu unserer Unterkunft begegnete ich einem älteren syrischen Mann, mit dem ich ins Gespräch kam, und war froh, mich mit jemandem unterhalten zu können. Was für ein Zufall! Er stammte genau wie ich aus Duma.
„Ich kenne sogar deine Familie", berichtete der Mann. „Wie geht es euch hier?"
„Wir haben es leider nicht so gut getroffen", berichtete ich. „Unser Zimmer liegt weit abseits, in den Containern ist es so schmutzig und es gibt nur kaltes Wasser.
„Kommt doch zu uns rüber", schlug der alte Mann vor. „Ich wohne mit drei verwandten Jungs in einem Zimmer und ich weiß genau, dass das Zimmer neben uns noch frei ist."
Dieser Vorschlag war einfach nur gut! Das Zimmer lag in der Nähe der Kantine und hier gab es WLAN-Empfang. Der Umzug war schnell vollzogen.
Aber das größte Highlight war ein funktionierendes Bad mit warmem Wasser und Toilette. Zwar ließ sich das Zimmer nicht abschließen, aber wenn wir es verlassen wollten, haben wir einfach die Tür notdürftig von innen verriegelt und sind durch das

Zimmer unserer Mitbewohner rausgegangen. Doch besonders wichtig war uns, mit Landsleuten die Wohnung zu teilen. Alles in allem hatten wir das große Los gezogen. Auch meine Mutter war glücklich über diese positive Entwicklung.
Seit zwei Wochen hatten wir keine Gelegenheit zum Duschen gehabt. Wir machten immer nur Katzenwäsche. Was für ein tolles Gefühl, unter warmem Wasser zu stehen! Ich musste beim Duschen an unser schönes, großes Bad in Syrien denken.

- - - -

Da ich mir nicht vorstellen konnte, länger als unbedingt notwendig im Village zu bleiben, schloss ich die Registrierung ab und wollte nun so schnell wie möglich mit meiner Mutter weiterziehen. Wir bekamen einen Transfer. In unserem Fall war es eine Busfahrt in eine Stadt im Schwarzwald.
Meine Freude, das Village zu verlassen, war riesig groß, obwohl wir nicht wussten, was uns als Nächstes erwartete.
In der Schwarzwaldstadt bekamen wir ein Zimmer in einer Wohnung zugewiesen.

Bei einem Bummel durch die Stadt entdeckten wir einen iranischen Lebensmittelladen. Als wir ihn betraten, roch es fast wie zu Hause. „Oh, hier gibt es tatsächlich Fladenbrot!“, rief ich.
Mir lief das Wasser im Mund zusammen. Ich musste sofort eines kaufen. Auf der Rückseite der Verpackung stand das Wort „Zutaten“ – mein erstes deutsches Wort.
Die Sprache zu lernen, war nun mein nächster Plan. Außer Essenholen gab es für mich nichts zu tun, aber ich musste mich mit etwas beschäftigen. Was lag näher, als Deutsch zu lernen?
Bevor ich nach Deutschland kam, hasste ich Deutsch. Später, als ich in der Sprache fortgeschritten war, entdeckte ich, wie toll sie ist. Sehr sturkturiert und gleichzeitig nicht so einfach zu lernen. Ich denke, je schwieriger eine Sprache ist, desto schöner ist sie. Aus dem Internet lud ich mir ein paar Videos zum Lernen herunter. Weil ich kein Papier hatte, schrieb ich auf einen Karton, den ich fand. Als Erstes habe ich Zahlen gelernt.

# 13

# UNTERBRINGUNG IN EINEM HOTEL

Nach zehn Tagen hieß es wieder Sachen packen, es ging weiter in eine Gemeinde in Baden-Württemberg.
„Wo ist diese Gemeinde?“, fragten wir uns. Und dann kamen natürlich gleich die existenziellen Fragen wie immer: „Werden wir in einer Halle wohnen müssen? Bloß nicht!“
Gott sei Dank waren unsere Ängste unbegründet. Als wir ankamen, stellten wir fest, dass unsere Unterkunft ein ehemaliges Hotel war.
Wir wurden herzlich von einer Sozialarbeiterin begrüßt und uns wurde ein Zimmer zugewiesen.
„Endlich ein Zimmer für uns alleine“, dachte ich überglücklich. Als wir es dann betraten, sahen wir vier Betten.
„Ist das doch kein Zimmer für uns alleine?“, fragten wir uns.

Für wen waren die anderen zwei Betten? Ich wandte mich an die Sozialarbeiterin auf Englisch.
„Soll etwa noch eine andere Familie bei uns wohnen?“, fragte ich beunruhigt.
„Ja“, war die Antwort.
Meine Mutter und ich waren sehr enttäuscht. Ich versuchte nun, die Sozialarbeiterin zu überzeugen, dass das Zimmer für vier Personen viel zu klein ist. Aber sie wies mich ab.
„Wir haben alles organisiert“, sagte sie. „Zu euch kommt eine Frau mit ihrem Sohn.“ Dann ließ sie uns allein. Meine Mutter und ich probierten die Türen aus. Sie waren schon wieder nicht abschließbar. Das ängstigte uns und wir schoben schließlich einen Schrank vor die Tür. Durch Krieg und Flucht hatten wir das Vertrauen in unsere Mitmenschen verloren.

Nachdem wir uns frisch gemacht hatten, trafen wir uns in einem Saal mit den ersten Einwohnern. Sie begrüßten uns herzlich und luden uns zu Kaffee, Tee und Kuchen ein. Wir waren die zweite Familie, die im Hotel angekommen war.

Nachmittags kamen weitere Flüchtlinge an. Am nächsten Tag holte uns ein Ehrenamtlicher zu einem Rundgang durch die Stadt ab. Wir erhielten unser erstes Geld vom Landratsamt und konnten nun die wichtigsten Dinge einkaufen. Das war ein richtig gutes Gefühl. Viele Bewohner gingen sofort in den nahe gelegenen Supermarkt.
Im Hotel erhielt jede Familie einen Karton mit Grundnahrungsmitteln.

Es gab kein WLAN, obwohl auf den Fluren Router installiert waren. Auf unsere Frage danach gab es keine zufriedenstellende Antwort. Wir waren ziemlich enttäuscht. War das etwa Deutschland, das Land der Technologie?

Abends kochte meine Mutter unsere erste Mahlzeit, und zwar nicht nur für uns beide, sondern auch für zwei junge Kurden, die meiner Mutter bereits mehrfach behilflich gewesen waren. Das behielten wir auch für die nächste Zeit bei.

– – – –

Oft versammelten wir uns abends. Viele Deutsche gesellten sich zu uns. Sie wollten alles über unsere Flucht wissen und waren sehr gastfreundlich. Ich wollte mich auch gastfreundlich erweisen. Da ich gut backen kann, kaufte ich eine Kuchenform und backte einen Kuchen. Er war gerade fertig geworden, als eine Sozialarbeiterin kam und sagte, dass eine deutsche Familie da sei und sich gerne mit uns unterhalten möchte. So hatte ich gleich etwas zum Anbieten.

Einmal war ein Deutscher bei einem meiner Mitbewohner im Hotel. Mit ihm wollte ich gerne ins Gespräch kommen. Als er sich verabschiedete, folgte ich ihm und lud ihn spontan in unser Zimmer ein. Er nahm die Einladung an. Ich wollte die Menschen hier so gerne besser kennenlernen, aber ich wusste gar nicht, wie ich es anstellen sollte. Diese Gelegenheit war ideal. Wir sprachen miteinander Englisch und natürlich gebrauchte er zwischendurch auch deutsche Worte. Da ich sehr an der deutschen Sprache interessiert war, notierte ich mir alles, was er auf Deutsch sagte.

Weil ich ganz gut Englisch spreche, kamen Mitbewohner zu mir, wenn sie jemanden zum Dolmetschen brauchten. So begleitete ich viele Menschen in Arztpraxen, zu Behörden und zu unseren Sozialarbeitern. Ich wollte helfen und nicht nur Hilfe bekommen.
Einmal begleitete ich eine Familie mit kleinen Kindern zu einem Kinderarzt. Der Arzt und ich hatten gleich einen guten Draht zueinander und tauschten unsere Kontaktdaten aus. Gelegentlich fuhren wir mit kranken Kindern und deren Eltern in ein Kinderkrankenhaus. Während der Arzt die Kinder behandelte, dolmetschte ich. Damals redeten wir Englisch miteinander, heute sprechen wir natürlich Deutsch. Inzwischen ist mir dieser Kinderarzt ein väterlicher Freund geworden.
„Jeder Tag ist wichtig!" ist sein Motto.
Das habe ich auch für mich übernommen.

– – – –

Am Anfang unseres Aufenthaltes waren wir glücklich. Es war Adventszeit. Deutsche überraschten uns mit Weihnachtsgebäck und Türken mit süßen Spezialitäten. Wir fühlten uns willkommen.

Mit Hischam, meinem Reisegefährten auf der Flucht, der inzwischen in Schweden lebt, war ich in ständigem Kontakt. Ich erzählte ihm, wie willkommen wir uns fühlten.
Wir waren traurig, so weit voneinander entfernt zu leben. Jetzt erfuhr ich auch mehr von ihm. Seine Eltern waren geschieden und er ist bei seiner Oma aufgewachsen. Sein Vater ist zum dritten Mal verheiratet.
Hischam hat nie erlebt, was es heißt, in einer normalen Familie zu leben. Deshalb war ihm unsere Freundschaft so wichtig.

----

Das Hotel füllte sich nach und nach mit immer mehr Flüchtlingen. Alle Zimmer waren gleich groß und es war nicht einfach, dass wir uns zu viert ein Zimmer mit 22 Quadratmeter teilten.
Kein Wunder, dass es Probleme gab. Durch die Enge in unserem kleinen Zimmer kam es immer wieder zu Spannungen. Wenn wir Leuten davon berichteten, sagten sie immer: „Ihr solltet dankbar sein, dass ihr in einem Zimmer mit Bad wohnt und nicht in einer Halle."
Aber nicht alle dachten so hartherzig.

Viele Menschen kamen auch, um uns zu helfen.

Man plante Deutschkurse im Hotel mit ehrenamtlichen Lehrern. Als Erstes musste man feststellen, wer bereits ein bisschen Deutsch sprach oder sich auf Englisch verständigen konnte. Leute, die die deutsche Schrift noch nicht kannten, mussten sie erst noch erlernen. Auch das Sprachniveau der Bewohner war sehr unterschiedlich und musste mitberücksichtigt werden. Schon bald darauf wurden die ersten Kurse angeboten.
In meinem Kurs war ein 17-jähriger Junge, der als Erstes wissen wollte, wie man „I love you“ ins Deutsche übersetzt. Seine Probleme hätte ich gerne gehabt.

– – – –

Wir lebten bereits acht Wochen hier, als uns mein Bruder besuchte. Seit sieben Monaten hatten wir uns nicht mehr gesehen. Die Freude war groß. Wir hatten uns viel zu erzählen. Der Krieg hat Syrer in viele Länder der Welt verstreut. Auch in Syrien trennt er die Familien. Meine Schwestern habe ich

nun schon so lange nicht mehr gesehen. Die Kriegsfront hat einen Keil zwischen die Familien geschlagen.
Eigentlich waren wir davon ausgegangen, dass mein Bruder, meine Mutter und ich bald zusammenwohnen könnten. Wir wollen so gerne endlich zusammen sein, wenn schon der Rest der Familie von uns getrennt war. Darum wollten wir warten, bis wir die Anerkennung bekommen, um dann einen Antrag auf Familienzusammenführung *in Deutschland* zu stellen. Aber seit Neuestem gibt es ein Gesetz, nachdem man in dem Bundesland bleiben muss, in dem man registriert wird.
Oft ist meine Mutter traurig. Sie vermisst ihre Töchter und Enkel. In Deutschland hatte sie gehofft, dass sie wenigstens mit ihren Söhnen zusammenleben kann. Leider ist das aber nun nicht möglich. Das macht mich wütend und ratlos und ich verstehe dieses strenge Gesetz überhaupt nicht.

14

# DEUTSCH LERNEN? NICHT SO LEICHT.

Was mir hier in Deutschland immer wieder zu schaffen macht, ist die Bürokratie. Zum Beispiel ist es, wie ich schon erzählt habe, meiner Mutter und mir nicht möglich, mit meinem Bruder zusammen zu wohnen.

Auch bei meinem Wunsch, so schnell wie möglich Deutsch zu lernen, wurden mir viele Steine in den Weg gelegt. Man muss zum Beispiel einen Antrag stellen, der aber drei Monate dauert, bis er genehmigt wird. Das dauerte mir viel zu lange. Darum habe ich mir Schreibutensilien gekauft und begann, zu Hause Deutsch zu lernen.

Zu der Zeit gab es im Hotel leider kein WLAN. Um ins Internet zu kommen, musste ich zum Ortszentrum gehen, weil es dort freies WLAN gibt. Dort sah man zahlreiche Bewohner des Hotels, die wie ich das

kostenlose Internet nutzten. Ich stellte fest, dass alleine zu lernen, nicht so mein Ding ist, und beschloss, eine Schule zu finden.
Darum probierte ich es in der Nachbarstadt.
Auch da hieß es: Alle Klassen sind voll.
Jetzt wurde ich richtig sauer.
„Ich möchte gerne jemanden sprechen, der das zu entscheiden hat", sagte ich.
„Bitte holen Sie den Schulleiter."
Das ging zwar nicht, aber schließlich kümmerte sich eine Mitarbeiterin um mich.
„Ich möchte nicht immer in meinem Zimmer herumsitzen und meine Zeit vergeuden", sagte ich. „Ich möchte endlich weiterkommen und die Sprache lernen."
Die Mitarbeiterin spürte meine Hartnäckigkeit.
„Dann geh mal dort hinten in die Klasse", sagte sie. „Da ist eine Lehrerin, die einen Stufentest mit dir machen kann."
Nach diesem Test stand fest, dass mein Sprachniveau für die dritte der vier Klassen ausreichte.
Ich freute mich sehr darüber. Ein syrisches Sprichwort lautet: „Wer strebsam ist, dem soll es gelingen."

Meinen Freunden aber erzählte ich nichts von meinem Erfolg, um sie nicht neidisch zu machen.

- - - -

Schade, dass meine Mitschüler nicht wirklich interessiert waren, beim Lernen voranzukommen. Eine der Lehrerinnen bemerkte, dass ich mich sehr bemühte, Deutsch zu lernen. Sie machte mich mit einer Deutschlehrerin bekannt, die bereit war, einmal wöchentlich mit mir bei ihr zu Hause Deutsch zu üben. Auch mein väterlicher Freund, der Kinderarzt, half mir weiter.
Er vermittelte mir ein Praktikum bei einer Maschinenbaufirma. Einmal pro Woche konnte ich gemeinsam mit den Auszubildenden an Projekten arbeiten.
In der Klasse hatte ich zu den meisten meiner Mitschüler keinen guten Draht. Ihnen war egal, ob sie etwas lernten. Darüber ärgerte ich mich, denn ich wusste von einigen anderen, die alles getan hätten, um diesen Schulplatz zu bekommen. Sie hätten so gerne eine Schule besucht, hatten aber keine Chance, weil alle Klassen bereits voll waren.

Irgendwie schämte ich mich für meine Mitschüler, wenn sie Blödsinn in der Schule machten und ihre Chancen vergeudeten. Mir war nämlich schon lange klar, dass die deutsche Sprache der Schlüssel für alles ist. Ein Grund, schnell gut Deutsch zu lernen. Eine fremde Sprache zu erlernen, ist auch spannend. Allerdings kann es für andere sehr lustig sein, wenn man Fehler macht. Hier ein paar Beispiele:
Eine Bekannte hatte ich längere Zeit nicht mehr gesehen. Sie schickte mir eine Einladung und ich antwortete darauf:
„Ich bin heiß auf das Treffen."
Eigentlich wollte ich sagen, ich freue mich auf das Treffen. Wenn man sich in einer Fremdsprache ganz ordentlich ausdrücken kann, meinen die Leute, dass man auch die Feinheiten beherrscht. Von wegen!
Zum Beispiel wollte ich einem Deutschen sagen, dass ich einen syrischen Freund in Schweden habe. In Wirklichkeit sagte ich: „Ich habe ein Verhältnis mit ihm." Das wollte er dann genauer wissen und ich geriet in Erklärungsnot.

15

# MEINE MÜTTERLICHEN FREUNDINNEN

Um eine Sprache zu lernen, muss man verschiedene Aspekte berücksichtigen: Sprechen, Hören, Lesen und Schreiben.
In der Schule sprach ich nur mit meiner Lehrerin Deutsch. Die Sprachkenntnisse meiner Mitschüler waren niedriger als von mir erwartet. Mir reichte das nicht wirklich, um die Sprache zu lernen. Darum wandte ich mich mit meinem Problem an eine Frau, die für meine Mutter und mich schon viele schöne und nützliche Kontakte geknüpft hatte. Ich schilderte ihr mein Anliegen und fragte sie, ob sie eventuell jemanden kennt, mit dem ich Deutsch üben könnte.
Sie vermittelte mich dann an eine Frau Schneider. Dieser Frau habe ich sehr viel zu verdanken. Sie half mir beim Deutschlernen und war auch in anderen Situationen für meine Mutter und mich da. Wenn ich traurig war, tröstete sie mich.

„Lieber Seif, ich drücke dir die Daumen und werde ganz fest an dich denken“, so lauteten die Nachrichten von Frau Schneider, wenn wichtige Entscheidungen anstanden.
Inzwischen ist sie mir eine mütterliche Freundin geworden.

„Das ist sehr nett von Ihnen“, war einer meiner Standardsätze. Dieser Satz kam bei den Deutschen sehr gut an. Die Reaktion war meistens: „Du sprichst sehr gut Deutsch!“
Aber das war ein bisschen geblufft, denn zu der Zeit waren meine Deutschkenntnisse noch sehr mager.
Weil ich noch mehr Hilfe brauchte, beschloss ich, mich auf die Suche nach einer weiteren Unterstützung beim Deutschlernen zu machen.
Kurze Zeit später gab es in unserem Hotel ein großes Fest, zu dem alle Ehrenamtlichen eingeladen waren.
Eigentlich bin ich schüchtern und war es überhaupt nicht gewohnt, Mädchen oder Frauen anzusprechen.
An diesem Tag aber kam Frau Frauke auf mich zu und sprach mich an.

„Du bist doch Seif, oder?“, fragte sie.
„Wie geht es dir denn?“
„So weit ganz gut“, sagte ich.
Wir redeten ein bisschen miteinander.
Dann fasste ich mir ein Herz und fragte sie:
„Hätten Sie vielleicht Zeit, mit mir ein bisschen Deutsch zu lernen? Ich würde zu gerne noch mehr Gelegenheiten haben, zu sprechen.“
„Also, wenn du magst – ich mache das gerne“, bot sie sich an.
Sie spricht Hochdeutsch – ein Vorteil für mich, denn den schwäbischen Dialekt verstehe ich oft nicht so gut.

Wir verabredeten uns für den nächsten Tag und von da an trafen wir uns regelmäßig.
Bald darauf ging ich bei ihr ein und aus.
Als sie für ein paar Tage verreiste, gab sie mir den Schlüssel für ihre Wohnung, damit ich während ihrer Abwesenheit die Möglichkeit hatte, in Ruhe zu lernen. Ich freute mich sehr über das Vertrauen.
Frau Frauke habe ich sehr viel zu verdanken.
Als ich mit dem Gedanken spielte, ein Buch zu schreiben, versprach sie, mir dabei behilflich

zu sein. Viele Stunden haben wir gemeinsam an jedem Satz gefeilt. Ich fühle mich bei ihr, als ob ich einer ihrer Enkel wäre. Meine Großmutter väterlicherseits starb bereits, als ich klein war, und die mütterlicherseits war bei meinem Vater und dessen zweiter Frau nicht gut angesehen. Daher durfte ich sie nicht oft besuchen. Aber jetzt hatte ich eine Ersatzgroßmutter gefunden.

- - - -

In Deutschland muss man ein bestimmtes Sprachniveau erreichen, um einen einfachen Job zu bekommen. Es ist die Niveaustufe B1. In meiner Schule allerdings würde es zwei Jahre dauern, um das Ziel zu erreichen. So lange wollte ich auf gar keinen Fall warten und ich meldete mich nebenher bei einem Prüfungszentrum für diese Prüfung an. Der Prüfungstermin war bereits zwei Monate später, eigentlich fast unmöglich, das zu schaffen. Jetzt musste ein Plan her. Meine Lehrerin lieh mir eine Grammatik aus, der ich entnehmen konnte, was mich in der Prüfung erwartet. Außerdem besuchte ich einen Integrationskurs der VHS, der abends

stattfand. Jetzt konnte ich vor Arbeit kaum noch die Augen aufhalten: Die Vorbereitung auf die Prüfung, der Intergrationskurs, mein morgentlicher Schulunterricht und dann auch noch mein Praktikum bei der Maschinenbaufirma – das alles miteinander war Stress hoch drei.
Trotz allem habe ich die Prüfung gut abgeschlossen.

Mein nächstes Ziel war das Niveau B2. Leider war dieser Kurs teuer. Das Bundesamt für Migration und Flüchtlinge übernahm die Kosten für die weiteren Kurse nicht und da ich noch nicht als Flüchtling anerkannt war, hatte ich keinen Anspruch auf Unterstützung von irgendeiner Organisation.
Da kam mir mein väterlicher Freund, der Kinderarzt, zu Hilfe. Um die Sprachschule besuchen zu können, sammelte er in seinem Freundeskreis Geld. Das war unglaublich nett von ihm und seinen Freunden. Ich war total happy.

Der B2-Kurs war sehr intensiv, fünf Stunden Unterricht täglich. Meine Mitschüler in dem

Kurs waren sehr nett und fleißig und ich musste verdammt viel lernen, um mit ihnen mithalten zu können. Ganz wichtig war mir auch, den Spendern zu beweisen, dass sie ihr Geld nicht in den Sand gesetzt hatten.
Dann kam die Abschlussprüfung. Sie war wirklich richtig schwer und ich konnte mir nicht vorstellen, dass ich eine gute Note erzielen würde. Ungeduldig wartete ich auf das Ergebnis. Als unsere Lehrerin mit den korrigierten Prüfungsbögen in die Klasse kam, war ich total aufgeregt. Eine Note nach der anderen wurde vorgelesen. Endlich war ich an der Reihe.
„Seif Arsalan hat die Note 1“, sagte die Lehrerin. Da war ich überglücklich.

Nachdem ich den B2-Kurs abgeschlossen hatte, sammelte der Kinderarzt erneut Spenden bei seinen Freunden, um mir den Besuch des C1-Kurses zu ermöglichen.
Da ich zu dem Zeitpunkt noch nicht als Flüchtling anerkannt war, hätte ich sonst den Kurs privat bezahlen müssen.
Er war aber so teuer, dass ich ihn mir nicht leisten konnte.

Ich bin dem Arzt für sein Engagement sehr dankbar.

So geht es mir mit vielen Leuten. Bei einem Konzertbesuch sprach mich zum Beispiel ein Deutscher an. Wir verstanden uns auf Anhieb blendend. Ovi war mir gegenüber sehr offen und bot mir spontan an, mich bei der Vorbereitung für die C1-Prüfung zu unterstützen. Inzwischen sind wir sehr gute Freunde geworden. Dank der großartigen Unterstützung von Ovi konnte ich den C1-Kurs mit gutem Ergebnis beenden, der mich berechtigt, eines Tages zu studieren. Das war mein großes Ziel.
Die Frage, warum ich so viel Unterstützung erfuhr, hat mich oft beschäftigt.
Die Antworten lauteten ähnlich: „Wir möchten Menschen helfen, sich in unserem Land zu integrieren. Der erste Schritt ist das Lernen der deutschen Sprache und da gibst du dir ganz viel Mühe."

Manchmal fehlen mir die richtigen Worte, um mich immer wieder bei meinen Unterstützern zu bedanken.

16

# DIE ANHÖRUNG

Der 19.01.2017 war ein besonders wichtiger Tag für uns. Nach mehr als einem Jahr hatten wir unseren Anhörungstermin erhalten.
Dieser Termin gehört zu den wichtigsten Terminen für Flüchtlinge in Deutschland. Man wird zu den Gründen der Flucht befragt und später entscheidet das Bundesamt – genauer gesagt die Leute, die einem Fragen stellen – ob man als Flüchtling anerkannt wird und wie lange man in Deutschland bleiben darf.
Dieser Termin würde über unser künftiges Leben in Deutschland entscheiden.
Unsere Nachbarn gratulierten uns. Ein Anhörungstermin ist ein Glücksfall und viele Migranten müssen lange darauf warten. Gleichzeitig hat man irgendwie Angst vor der Anhörung, zum Beispiel dass der Entscheider unmenschlich ist oder der Dolmetscher etwas falsch übersetzt oder auch dass man eine Frage aus Panik falsch beantwortet.

Einen Monat lang bereiteten wir uns auf diesen Tag vor und ordneten unsere Unterlagen.
Unser Termin war morgens um 8.00 Uhr in einer Stadt, 70 Kilometer von unserer Unterkunft entfernt.
Um 7.20 Uhr waren wir angekommen. Es war bitterkalt an diesem Tag und wir froren schrecklich. In mein Handy hatte ich die Adresse der Aufnahmestelle eingegeben. Doch zu meinem Entsetzen war diese Adresse nicht mehr aktuell, denn sie führte uns zu einem geschlossenen Tor. Kein Mensch war zu sehen. Inzwischen war es 7.52 Uhr. Wir hatten also nur noch acht Minuten Zeit.
Auf der Einladung zur Anhörung stand, dass man unbedingt pünktlich sein müsse. Panik brach aus.
Zum Glück trafen wir eine Frau auf der Straße, die sich auskannte und uns erklärte, wie wir zum richtigen Eingang kommen.
So schnell wir konnten, machten wir uns auf den Weg, erreichten aber unser Ziel mit 20 Minuten Verspätung. Unterwegs war uns ein Bus mit der Aufschrift „Aufnahmestelle"

begegnet. Es wäre sehr nützlich gewesen, wenn der Hinweis auf diesen Bus auf unserer Einladung gestanden hätte.

Endlich waren wir da. Die Security stellte sich uns in den Weg und verlangte unsere Ausweise. Ich war sehr nervös und bat den Mann, schneller zu arbeiten, da wir ja schon verspätet waren.
Im Gebäude warteten schon viele Leute. Verzweifelt versuchte ich, zu erfahren, ob wir bereits aufgerufen worden waren. Aber es konnte uns niemand sagen. So beschlossen wir, uns zu den anderen zu setzen und zu warten.
Da Zeit für mich sehr wertvoll ist, habe ich immer etwas zum Lesen dabei. Als ich meinen deutschen Roman herausholte und las, gab es erstaunte Gesichter. Alle dachten wohl, wie kann der sich in dieser Situation auf ein Buch konzentrieren. Aber es gelang mir sehr gut.

Zwischendurch gab es immer wieder Aufrufe in verschiedenen Sprachen.
Endlich fielen unsere Namen:

„Seif Arsalan, Fatma Hasan." (In Syrien behalten die Frauen bei der Heirat ihren Mädchennamen, deshalb heißt meine Mutter anders als ich.)
Wir standen auf. Jetzt kam eine arabischsprechende Dolmetscherin auf uns zu und hielt zwei Umschläge in ihrer Hand. „Tut uns leid. Die Anhörung kann heute nicht stattfinden", sagte sie. „Ein Mitarbeiter ist erkrankt. In den Umschlägen finden Sie die neuen Termine."
Im ersten Moment dachte ich, ich hätte mich verhört.
„Das kann doch nicht wahr sein!", rief ich entsetzt.
Dann öffnete ich die Umschläge und stellte mit Schrecken fest, dass der nächste Termin erst in vier Wochen ist.
„Das glaube ich nicht!", rief ich. „Kann ich bitte mal Ihren Chef sprechen?"
Die Dolmetscherin drehte sich um und verschwand. Kurze Zeit später kam ein Mann, dem man ansah, dass er hier der Chef sein musste. Sicherlich war er erstaunt, dass ein so junger Mann sich traute, ihn rufen zu lassen. Ich bemühte mich, sachlich zu bleiben,

obwohl mir das Herz bis zum Hals schlug. Ehrlich gesagt, hatte ich auch Angst, dass der Mann einen schlechten Eindruck von mir bekommt. Schließlich konnte er der Mensch sein, der einmal über unsere Abschiebung oder den Verbleib in Deutschland zu entscheiden hatte.
„Bitte entschuldigen Sie, dass ich Sie störe", begann ich so höflich, wie es mir in der Situation möglich war. „Wir warten schon so lange auf diese Anhörung. Sie ist so wichtig für uns. Wir sind auch gerne bereit, hier noch länger zu warten. Und einen Dolmetscher benötigen wir auch nicht. Ich kann für uns selbst sprechen."

Wir hatten ziemlich laut gesprochen, sodass ein Security-Mann aufstand, dazukam und sich einmischte.
Der Chef reagierte ziemlich gereizt.
„Sie brauchen sich nicht einzumischen. Ich schaffe das allein", erklärte er dem Security-Typen. Dann wandte er sich wieder mir zu. Ich redete mich um Kopf und Kragen, erklärte wieder, wie wichtig uns der Termin war, und bat darum, angehört zu werden.

Der Chef hatte keine Lust, weiter zu diskutieren, und ließ schließlich eine Frau aus der Verwaltung kommen.
Die Frau wirkte ziemlich überheblich.
„Wie gesagt, der Termin wurde leider verschoben", fuhr sie mich an.
„Das macht es für mich total schwer", versuchte ich, zu erklären. „Seit über einem Jahr haben wir auf diesen Termin gewartet.
Im März beginnt für mich der C1-Kurs und ich benötige dringend die Anerkennung, um dafür ein Stipendium zu beantragen." Der Chef musterte mich verächtlich von oben bis unten.
„Du bist ein Flüchtling und kein Stipendiat", sagte er. „Du bist hier, weil du dich in Syrien nicht töten lassen willst, und nicht, weil du hier ein Stipendium bekommen möchtest."
Dazu fiel mir einfach nichts mehr ein.
„Lass uns die Diskussion beenden", schlug die Frau vor. „Und kommt einfach zum nächsten Termin wieder."
Damit ließ sie uns einfach stehen. Ich konnte die Tränen nicht mehr zurückhalten.

Meine Mutter wandte sich noch einmal an den Chef.

„Bitte hören Sie uns doch an!“, rief sie total aufgebracht und dann fing auch sie an, zu weinen.
Der Typ blieb knallhart.
„Lassen Sie mich jetzt in Ruhe, ich habe zu arbeiten!“, fuhr er uns an. „Sie haben neue Termine bekommen. Das dürfte genügen.“
Meine Mutter war noch verzweifelter als ich.
Doch das kümmerte ihn überhaupt nicht.
Er drehte sich um und ging.
Wir hatten keine Chance.

Könnt ihr euch vorstellen, wie es uns ging?
Ich hasste ihn in diesem Moment mehr als jeden Menschen, den ich je gehasst hatte.
Ich schnappte unsere Tasche und sagte:
„Komm, lass uns gehen.“

– – – –

Bevor wir zur Anhörung gefahren waren, hatte wir viele Nachrichten von deutschen Bekannten bekommen, die uns viel Erfolg wünschten und uns die Daumen drückten.
Nach dem Misserfolg verfasste ich spontan eine E-Mail an meinen väterlichen Freund.
Darin waren alle Schimpfwörter, die mir

bekannt waren, enthalten. Meine Wut auf den Chef der Aufnahmestelle war grenzenlos. Mein Freund war völlig hilflos und wusste nicht, wie er mich hätte trösten können. Er schrieb an Frau Schneider, dass ich am Boden zerstört sei, und hoffte, dass sie mich am ehesten trösten könnte.

Als ich in unserer Unterkunft eintraf, fühlte ich mich müde, traurig, wütend, ratlos und so unglaublich erschöpft. Am liebsten hätte ich das Fenster geöffnet und meinen ganzen Frust herausgeschrien.
Erst als ich Abstand gewonnen hatte, dachte ich, dass die nicht stattgefundene Anhörung vielleicht auch etwas Positives hatte. Vielleicht würden wir beim nächsten Termin auf einen freundlicheren Beamten treffen. Aber es ist verdammt schwer, immer für seine Ziele kämpfen zu müssen.

– – – –

Der zweite Termin beim BAMF stand an. Dieses Mal war es leichter für uns, da wir uns bereits für den ersten Termin vorbereitet hatten. Auch wussten wir, dass es einen Bus

am Bahnhof gibt, der zur Aufnahmestelle fährt.
„Fatma Hasan“, rief die gleiche Dolmetscherin wie beim letzten Mal. Meine Mutter stand auf und ging in den Raum. Ich wartete und wartete, doch es dauerte geschlagene 105 Minuten, bis meine Mutter aus dem Raum rauskam.
„Warst du in einer Geheimdienstanhörung?“ fragte ich sie verwundert.
Doch bevor meine Mutter antworten konnte, wurde ich gerufen.
„Ganz cool und locker bleiben!“, sagte ich mir immer wieder.
„Hallo, Herr Arsalan. Heute ist der wichtigste Tag in Ihrem Asylverfahren“ empfing mich der Angestellte.
Das ist also der Mann, der über unsere Zukunft entscheidet, dachte ich.

Normalerweise sprechen die Entscheider mit dem Asylantragsteller über eine dritte Person, die dolmetscht. Zu Beginn der Anhörung verzichteten wir auf die Dolmetscherin. Als meine Konzentration dann aber nachließ, übernahm die Dolmetscherin wieder ihre Arbeit.

Einige Fragen bei der Anhörung lauten folgendermaßen:

- Warum haben Sie Ihre Heimat verlassen?
- Wann sind Sie in Deutschland eingereist?
- Waren Sie vorher noch in einem anderen Land?
- Was würde passieren, wenn Sie wieder in Ihr Land zurückkehren würden?

Nach mehr als zwei Stunden war es endlich vorbei. Ich war sehr erleichtert.
Jetzt musste ich nur noch auf das Ergebnis warten.

17

# DIE ZWEITE ENTTÄUSCHUNG

Als ich eines Tages aus der Schule kam – inzwischen waren vier Monate seit der Anhörung vergangen – winkten meine Nachbarn mich zu sich. Sie waren total aufgeregt.
„Seif, Seif, du hast einen Brief vom BAMF bekommen“ riefen sie freudig.
Mir kroch ein Schauer über den Rücken. Auf diesen Brief hatte ich nun schon so lange gewartet. Es war der Brief, der über meine Zukunft entschied. Ich nahm den Brief an mich und riss den Umschlag auf. Dann traute ich meinen Augen nicht: *„Asylantrag abgelehnt“*, stand darin. Ich war am Boden zerstört und sehr enttäuscht. Ich dachte zunächst, ich habe mich verguckt. Ich sah den Bescheid noch mal an. Nach 19 Monaten Wartezeit wurde mein Antrag abgelehnt und mir dafür „subsidiärer Schutz“ gewährt. Was bedeutet das für mich? Die Aufenthaltserlaubnis gilt nur mit Einschränkungen und

ist auf ein Jahr begrenzt. Vielleicht kann ich später einen Antrag auf Verlängerung stellen, aber ob dem entsprochen wird, ist ungewiss. Mein Problem war, dass ich bei der Anhörung die Wahrheit gesagt hatte, nämlich dass ich einige Monate in der Türkei gelebt habe. Die Türkei gilt als „Drittland". Alle Menschen, die über ein Drittland eingereist sind, bekommen seit 2016 nur noch „subsidiären Schutz". Aus diesem Grund wurde mein Asylantrag abgelehnt. Andere, die bei der Anhörung ihren Aufenthalt in der Türkei verschwiegen haben, wurden anerkannt. Muss man also unehrlich sein? Ich verstehe die Welt nicht mehr.

Jetzt muss ich einen Rechtsanwalt beauftragen, um einen längeren Aufenthalt zu erwirken. Wenn man die Anerkennung oder „subsidiären Schutz" bekommen hat, muss man sich beim Jobcenter melden. Ich wollte ehrlich zu den Ämtern sein und habe ihnen von dem Vertrag für das Buch berichtet, das ich schreibe. Aber der Schuss ging nach hinten los. Plötzlich war ich für die Behörde ein Selbstständiger, der mit dem Buch in

Zukunft ein bisschen Geld verdient. Vielleicht wäre es klüger gewesen, diese Information erst weiterzugeben, wenn ich wirklich Geld erhalten habe. Solche bürokratischen Schwierigkeiten erleben wir leider sehr oft und auch Flüchtlinge sind nicht überall willkommen.

Ich höre oft: „Wir haben zu viele Flüchtlinge, die auf unsere Kosten leben. Wir zahlen Steuern, damit ihr gut leben könnt."
Die AfD würde uns lieber heute als morgen vor die Tür setzen und das beunruhigt uns sehr. Wir haben uns unsere Situation ja nicht selbst ausgesucht. Ohne den Krieg hätten wir unser Land nie verlassen. Wir sind Deutschland sehr dankbar, dass es uns aufgenommen hat, und hoffen, dass wir es zurückgeben können, wenn wir Fuß gefasst haben.
Wir wollen keine Last für die Allgemeinheit sein. Unser großes Problem ist nur, dass wir so lange auf unseren Bescheid warten müssen, in dem wir erfahren, wie lange wir in Deutschland bleiben dürfen. So kann man seine Zukunft überhaupt nicht planen. Manche bekommen ihre Anerkennung nur

für ein Jahr und haben damit keine Chance, sich hier zu integrieren. Welcher Arbeitgeber oder Vermieter möchte nur für ein paar Monate planen können?

– – – –

Ein anderes Problem ist die Anerkennung des Abiturs. Mit meiner türkischen Abiturbescheinigung hatte ich geglaubt, in Deutschland studieren zu können. Leider wird diese Bescheinigung in Deutschland aber nicht anerkannt. Meine Enttäuschung war riesengroß.
Jetzt bleibt mir nichts anderes übrig, als wieder in die Schule zu gehen. Ich habe mich an einer technischen Schule angemeldet und einen positiven Bescheid bekommen. Darauf freue ich mich, weil ich endlich meinem Ziel, irgendwann studieren zu können, näher gekommen bin. Aber gleichzeitig bin ich traurig, dass ich nun erst in drei Jahren mein heiß ersehntes Studium beginnen kann, während gleichaltrige Freunde bereits im ersten oder zweiten oder gar im dritten Semester sind.

18

# GEDANKEN ÜBER MEINE ZUKUNFT

Immer wieder mache ich mir Gedanken um meine Zukunft. Ich liebe jede Art von Technik und habe großes Interesse an Robotern und Fernsteuerungssystemen. Schon als Zehnjähriger habe ich mir in Syrien Geld damit verdient, dass ich LEDs gebaut habe, die man über das Ladekabel des Handys aufladen konnte. In einer Schule, die ich in Deutschland besuchte, entdeckte ich zufällig in einem der Klassenzimmer viele technische Geräte und las auf einem Schild „Mechatronik". Das wäre mein Berufswunsch und deshalb habe ich mich, wie schon erwähnt, an der technischen Schule angemeldet.

- - - -

Natürlich mache ich mir auch Gedanken darüber, eine Freundin zu finden. Aber der Druck durch den Krieg und die Erfahrungen in meiner Kindheit machen mir die Sache schwer. Ich bin ziemlich schüchtern und traue mich nicht, Mädchen anzusprechen.

Für die Zeit vor dem Schulanfang hatte mir mein väterlicher Freund einen Ferienjob bei einer Firma für Sicherheitstechnik vermittelt. Als Schichtarbeiter machte ich Hilfstätigkeiten. Mein türkischer Vorarbeiter fragte mich:
„Hast du eigentlich eine Freundin?"
„Nein", lautete meine kurze Antwort.
„Bist du schwul oder was?", war seine nächste Frage.
„Keine Freundin zu haben, heißt nicht, dass man schwul sein muss", sagte ich.
Er konnte es nicht fassen und versuchte, mich daraufhin mit einem 19-jährigen Mädchen zu verkuppeln, das ebenfalls dort arbeitete. Eigentlich fand ich sie süß, aber ich traute mich nicht, sie anzusprechen. Ich glaube, sie hat gespürt, dass ich zu schüchtern bin, und so hat sie die Initiative übernommen. Von da ab hatten wir genügend Gesprächsstoff. Leider hörte sie eher auf, zu arbeiten, als ich und fuhr in den Urlaub. Danach habe ich sie nicht wiedergesehen.

– – – –

Meine Bekannten wundern sich oft darüber, dass alle meine Freunde sehr alt sind. „Mann, warum suchst du dir keine Freunde in deinem Alter?“, fragte mich einer. Darauf weiß ich im Moment keine Antwort. Vielleicht liegt es daran, dass ich schon als Kind viel Verantwortung übernehmen musste. Aber ich bin mir sicher, dass ich in Zukunft auch gleichaltrige Freunde finden werde.

- - - -

Im Hotel teilten wir unser Zimmer mit zwei anderen Menschen. Es ist sehr schwierig, so zu leben. Man hat kein Privatleben und schläft nicht gut. Das liegt unter anderem auch daran, dass wir uns um unsere Familien in Syrien Sorgen machen und sie sehr vermissen.

Meine drei Schwestern, die mit ihren Familien in Syrien geblieben sind, berichten mir, wie schwer das Leben zur Zeit bei ihnen ist. Täglich leben sie mit der Angst, dass eine Bombe ihr Haus treffen könnte. Die häufigen Stromausfälle machen das Leben außerdem schwer.

Es ist schrecklich, zu hören, wie unsere Familie leidet, und wir können nichts dagegen tun. Ich habe das Gefühl, dass es mein Herz und meine Seele zerreißt und ich meine ganze Fröhlichkeit verloren habe. Wenn ich etwas Süßes esse, denke ich immer an meine Neffen und Nichten, die darauf verzichten müssen. Und ich vermisse meine Familie. Nicht zu wissen, ob und wann ich meine nächsten Verwandten wiedersehe werde, bringt mich zur Verzweiflung.

Meiner Mutter geht es ähnlich und es ist leider immer noch schwer für sie in Deutschland und sie ist nicht sehr glücklich. Allein mit ihren Söhnen vermisst sie den Rest der Familie sehr. Auch die Sprache zu lernen, fällt ihr schwer.

– – – –

In einer syrischen Familie sorgt der Vater für die Sicherheit der Familienmitglieder. Leider hat mir da mein Vater oft gefehlt. Seine häufige Abwesenheit in meiner Kindheit hat mein Leben sehr beeinflusst. Bei uns steht die Familie an erster Stelle.

Kinder müssen ihre Eltern ehren, egal was passiert. Meine Mutter erwartet von mir, dass ich zu meinem Vater weiterhin einen guten Kontakt habe. Aber ich fürchte mich vor ihm. Wenn es Zoff zwischen meinen Eltern gab, sprachen sie nicht miteinander. Dann benutzten meine Eltern mich, wenn sie dem anderen etwas mitteilen wollten. Ich habe sehr viel Respekt vor meiner Mutter, die trotz allem alles getan hat, damit wir ein möglichst schönes Leben haben.

Alle paar Wochen telefonierte ich mit meinem Vater. Die Telefonate liefen fast immer gleich ab. „Hallo, wie geht es dir? Wie ist das Wetter? Wie geht es deinen Halbbrüdern?" oder Ähnliches.
Die Gespräche waren sehr oberflächlich. Aber plötzlich passierte das Unglaubliche: Nach fünf Jahren Funkstille sprachen meine Eltern plötzlich wieder miteinander. Ich verstand die Welt nicht mehr. Ich weiß nicht, ob ich mich darüber freuen soll.
Seit Neuem verhält sich mein Vater gegenüber mir ganz anders. Plötzlich ist er an

mir interessiert. Er möchte gerne mehr Kontakt zu mir haben. Ich hoffe, mein Vater hat über seine Fehler, die in der Vergangenheit gemacht hat, nachgedacht.

Du fragst dich vielleicht, warum es für mich so schwierig ist, ohne Vater zu leben. Familienleben ist in Syrien ein bisschen anders als in Deutschland. Eltern lassen sich seltener scheiden. Natürlich sehe ich auch, dass andere noch größere Probleme haben. Schlimmer geht es immer. Aber wie fühlt es sich an, wenn man einen Vater hätte, zu dem man gehen kann, wenn man einen Rat braucht? Der sich freut, wenn seine Kinder erfolgreich sind? Das habe ich nie erlebt.

# NACHWORT

Niemand verlässt gerne sein Land. Durch Flucht verliert man seine Familie, seine Freunde, sein Haus, seine Heimat.

Flüchtlinge, Flüchtlinge, Flüchtlinge – das war ein zentrales Thema in der Bundestagswahl 2017. Die eine Partei will uns, die andere nicht. Kannst du dir vorstellen, wie es uns Flüchtlingen geht, wenn wir uns dauernd diese Debatten in den Medien anhören müssen? Ich hasse das Wort „Flüchtling". Dieses Wort ist in der letzten Zeit so missbraucht worden, dass man sich schämt, ein Flüchtling zu sein. Wenn man mich jemandem vorstellt, würde ich anstatt: „Das ist Seif, ein syrischer Flüchtling", lieber hören: „Das ist Seif und er kommt aus Syrien." Genauso sehen es die meisten Syrer.

Mein Buch soll dazu beitragen, das vorbelastete Bild über Flüchtlinge in Deutschland zu korrigieren. Ich will zeigen, wie schwer es für uns ist, unsere Heimat zu verlassen und in einer ganz anderen Kultur zurechtzukommen, aber dass wir den Wunsch haben, in Sicherheit und Frieden zu leben und an dieser Gesellschaft teilzuhaben.

Von ganzem Herzen möchte ich mich bei allen Menschen bedanken, die mir auf meinem Weg geholfen haben. Vor allem bei meiner geliebten Mutter, die alles für mich aufgegeben hat, um mir ein Leben in Freiheit und ohne ständige Angst zu ermöglichen. Bedanken möchte ich mich auch bei allen meinen anderen Familienmitgliedern, meinem väterlichen Freund, meiner Ersatz-Großmutter, mit deren Hilfe dieses Buch erst möglich wurde, meinem Freund Ovi, meinen mütterlichen Freundinnen und allen Menschen hier in Deutschland, die mir oft so unterstützend und freundlich zur Seite standen. Ich bin froh, dass mir der Verlag an der Ruhr die Möglichkeit gegeben hat, das Buch auf den Weg zu bringen, und ich danke Annette und Carolin herzlich für ihre Unterstützung bei der Korrektur.
Das Buch zu schreiben, hat mir viel Spaß gemacht und ich bin stolz, dass ich es geschafft habe. Das Schreiben half mir,

meinen Wortschatz zu erweitern. Ich habe jede Menge Redensarten, tolle Ausdrücke und Sprichwörter gelernt.

Trotz vieler Schwierigkeiten und persönlicher Einschränkungen kann ich aber mit dem bisher Erreichten ganz zufrieden sein. Ich hoffe, dass ich das Abitur in drei Jahren in der Tasche habe. Ich möchte, dass sich mein Wunsch, Mechatronik zu studieren, eines Tages erfüllt.
Das Meiste, was ich mir bisher vorgenommen hatte, ist mir gelungen. Das erhoffe ich mir auch für die Zukunft.
Noch mehr aber wünsche ich mir, eines Tages von meinem Vater in die Arme genommen zu werden und von ihm den Satz zu hören: „Seif, ich habe dich lieb und ich bin stolz auf dich."